Collection
PROFIL
dirigée par G

Série
PROFIL

Andromaque

(1667)

RACINE

**Résumé
Personnages
Thèmes**

ALAIN COUPRIE
docteur ès lettres
professeur d'Université

HATIER

DANS LA COLLECTION « PROFIL »

Autres « Profils » à consulter dans le prolongement de cette étude sur *Andromaque*.

• Sur le tragique

– *Le théâtre, les problématiques essentielles*
(« Histoire littéraire », **151-152**) ; la tragédie et le tragique, chap. 6.
– *Les Mots clés du français au bac* (« Formation », **422/423**) ; p. 151.
– *Histoire de la littérature en France au XVIIe siècle*
(« Histoire littéraire », **120**) ; Racine, une perfection tragique, p. 80.
– BECKETT, *En attendant Godot* (« Profil d'une œuvre », **16**) ;
le tragique, chap. 4.
– RACINE, *Phèdre* (« Profil d'une œuvre »), **39**) ; le tragique, chap. 10.
– RACINE, *Britannicus* (« Profil d'une œuvre », **109**) ; le tragique, chap. 7.
– SARTRE, *Huis clos* (« Profil d'une œuvre », **31**) ;
tragédie ou anti-tragédie, chap. 6.

• Sur l'amour-passion

– CORNEILLE, *Le Cid* (« Profil d'une œuvre », **133**) ;
la passion amoureuse, chap. 6.
– HUGO, *Hernani-Ruy-Blas* (« Profil d'une œuvre », **101**) ;
l'abîme de l'amour, chap. 9.
– MME DE LA FAYETTE, *La Princesse de Clèves*
(« Profil d'une œuvre », **112**) ; une vision pessimiste de l'amour, chap. 6.
– ABBÉ PRÉVOST, *Manon Lescaut* (« Profil d'une œuvre », **6**) ;
la passion amoureuse, chap. 4.

• Sur le destin, la fatalité

– RACINE, *Britannicus* (« Profil d'une œuvre », **109**) ; fatalité, chap. 7.

• Sur le théâtre classique

– *Histoire de la littérature en France au XVIIe siècle* (« Histoire littéraire », **120**) ; p. 47-52, 73-82.

• • • • Profil 1000, « Guide des Profils »

Guide pour la recherche des idées à partir de la collection « Profil ». Ainsi, aux entrées : « Baudelaire », « Camus », « Amour », « Solitude », « Commentaire composé », vous trouverez toutes les références aux titres et aux pages des « Profils » concernés.

© HATIER PARIS SEPTEMBRE 1992   ISBN 2-218-03859-5

Toute représentation, traduction, adaptation ou reproduction, même partielle, par tous procédés, en tous pays, faite sans autorisation préalable est illicite et exposerait le contrevenant à des poursuites judiciaires. Réf. : loi du 11 mars 1957, alinéas 2 et 3 de l'article 41 • Une représentation ou reproduction sans autorisation de l'éditeur ou du Centre Français d'Exploitation du droit de Copie (3, rue Hautefeuille, 75006 Paris) constituerait une contrefaçon sanctionnée par les articles 425 et suivants du Code Pénal.

SOMMAIRE

■ 1. *Andromaque* et la carrière de Racine 5
UNE JEUNESSE AUSTÈRE 5
UN DÉBUT DE CARRIÈRE DIFFICILE 6
LE PREMIER GRAND SUCCÈS DE RACINE 7
LA RÉUSSITE LITTÉRAIRE ET MONDAINE 7
L'HISTORIOGRAPHE DU ROI 8
L'HOMME DE COUR 8

■ 2. Résumé 9

■ 3. Les personnages 18
PYRRHUS 18
HERMIONE 21
ANDROMAQUE 24
ORESTE 27
PYLADE 29

■ 4. Sources et originalité de l'œuvre 30
LES SOURCES LITTÉRAIRES 30
L'ORIGINALITÉ DE L'ŒUVRE DE RACINE 32

■ 5. La passion amoureuse 35
UN AMOUR SOUVENT IMPOSSIBLE ET INTERDIT 35
UN ÉLAN IRRATIONNEL ET IRRÉSISTIBLE 37
UNE FORCE TROMPEUSE 38
AMOUR ET JALOUSIE 39
UNE FORCE MORTELLE 40

■ 6. La politique dans *Andromaque* 42
UN CONTEXTE POLITIQUE TROUBLÉ 42
UN AVENIR INCERTAIN ET INQUIÉTANT 44
AMOUR ET POLITIQUE 44

■ 7. Le tragique 46
UN DESTIN HOSTILE 46
UNE ATMOSPHÈRE DE DÉSOLATION 49
LA DESTRUCTION DES VALEURS MORALES 50
UNE PUISSANCE PATHÉTIQUE 52
UNE VERTU PURIFICATRICE 54

■ 8. La dramaturgie 55
LA DOCTRINE DE L'IMITATION 55
LE TEMPS 56
LE LIEU 57
L'ACTION 58
LES BIENSÉANCES 59
UNE DRAMATURGIE DU PARADOXE 61

■ 9. Langage et poésie 63
LYRISME ET MUSIQUE 63
LA VISION ÉPIQUE 65
LES IMAGES 67
DES PROCÉDÉS SIMPLES 69

■ 10. Trois « lectures » d'*Andromaque* 70
ANDROMAQUE EST-ELLE COQUETTE ? 70
L'INTERPRÉTATION STRUCTURALISTE 72
ANDROMAQUE OU « LA DÉCHÉANCE TRAGIQUE » 75

■ 11. Accueil, interprétations et mises en scène 76

ÉLÉMENTS DE BIBLIOGRAPHIE 78
INDEX DES THÈMES ET NOTIONS 79

1 Andromaque **et la carrière de Racine**

Quand *Andromaque* est créée le 17 novembre 1667, Racine a vingt-huit ans. Rien ne laisse alors présager la gloire de ce provincial sans fortune, né vers la mi-décembre en 1639 à La Ferté-Milon, bourgade située à une centaine de kilomètres au nord-est de Paris.

▬▬▬ UNE JEUNESSE AUSTÈRE

Son enfance a été difficile. À deux ans, Racine perd sa mère et, à quatre ans, son père. Sa grand-mère maternelle le recueille. Liée à l'abbaye de Port-Royal[1], elle l'inscrit en 1649 aux « Petites Écoles » qui dépendent de ce monastère janséniste[2]. C'est paradoxalement la chance de l'orphelin. Si la vie et la discipline y sont rudes, l'enseignement y est d'une exceptionnelle qualité. Jusqu'en 1658, Racine y effectue de solides études, notamment en grec et en latin, qui affinent son goût et sa sensibilité littéraires. Sa formation s'achève par une année de philosophie au collège d'Harcourt, à Paris, en 1658-1659.

---

[1]. Fondée en 1204 près de Chevreuse (30 km au sud-ouest de Paris), cette abbaye, outre des religieux, accueillait des bourgeois parisiens, pieux et érudits (qu'on appelait alors les « Solitaires »). Ceux-ci y organisèrent un établissement scolaire.
[2]. Port-Royal devint le foyer du jansénisme. Du nom de Jansénius (théologien hollandais, 1585-1638), le jansénisme professait des idées austères et rigoristes sur la prédestination : il considérait que Dieu décide seul et par avance des âmes qu'il veut sauver.

Racine est à cette époque sans fortune personnelle. L'un de ses oncles, secrétaire de la puissante famille de Luynes, l'aide financièrement et l'introduit même dans les salons parisiens où il rencontre La Fontaine, avec lequel il restera lié. Quelle carrière entreprendre toutefois ? En 1661, Racine se rend à Uzès auprès d'un oncle chanoine dans l'espoir d'obtenir un bénéfice ecclésiastique[1]. Le jeune homme attend en vain, trompe son ennui en lisant et en annotant les dramaturges grecs[2]. À la fin de 1662 ou au début de 1663, il revient à Paris, bien décidé à faire fortune.

■■■■■ UN DÉBUT DE CARRIÈRE DIFFICILE

Quelques poésies écrites en l'honneur de Louis XIV lui valent de recevoir à partir de 1664 une pension que le mécénat organisé par le roi verse aux artistes et aux gens de lettres qui célèbrent son règne. La faveur est enviable. Mais ses premiers essais au théâtre sont des échecs. Molière, qui est aussi directeur de troupe, lui refuse deux de ses pièces (aujourd'hui perdues). *La Thébaïde* (1664), sa première pièce jouée, passe presque inaperçue. L'année suivante, *Alexandre* reçoit un accueil moins froid, mais encore mitigé. Ce n'est ni le succès ni l'aisance escomptés.

Ombrageux et ambitieux, Racine se brouille avec Molière à qui il retire *Alexandre* pour aller la faire jouer par la troupe, plus prestigieuse, de l'Hôtel de Bourgogne. En 1666, il rompt avec ses anciens maîtres de Port-Royal. L'un d'eux, Nicole, avait comparé le métier de dramaturge à un rôle d'« empoisonneur public, non des corps mais des âmes ». Se croyant visé, Racine réplique par une *Lettre* mordante et ironique qui consacre sa rupture avec le monde de sa jeunesse.

---

[1]. Un bénéfice ecclésiastique est un revenu que le titulaire d'une paroisse (ou d'une abbaye) retire des terres qui généralement l'entourent.
[2]. Un dramaturge est un auteur de pièces de théâtre, qu'il s'agisse de tragédies ou de comédies. Les dramaturges les plus connus de l'Antiquité grecque sont : Euripide (vers 480 à vers 406 avant notre ère) et Sophocle (ve siècle av. J.-C.).

LE PREMIER GRAND SUCCÈS DE RACINE : « ANDROMAQUE »

En 1667, *Andromaque* constitue un tournant décisif dans la vie et dans la carrière de Racine. C'est sa troisième pièce et son premier triomphe. La Cour devant laquelle la tragédie est représentée applaudit sans réserve. Le lendemain, le public parisien laisse éclater son admiration. Les spectateurs les plus âgés comparent le succès d'*Andromaque* à celui, énorme, qu'avait remporté *Le Cid* de Corneille en 1637, trente ans plus tôt. Racine est désormais célèbre.

LA RÉUSSITE LITTÉRAIRE ET MONDAINE

Avec une étonnante rapidité, il va dès lors s'imposer comme le meilleur dramaturge de sa génération. Après *Andromaque*, toutes ses œuvres sont des succès : *Les Plaideurs* (son unique comédie) en 1668, *Bérénice* (1670), *Bajazet* (1672), *Mithridate* (1673), *Iphigénie* (1674) sont saluées avec chaleur. Même *Britannicus* (1669), d'abord mal accueilli, finit par triompher. En moins de dix ans, Racine surpasse en notoriété tous ses confrères.

Les institutions littéraires de l'époque consacrent sa renommée. Grâce à la bienveillance de Louis XIV, il devient un fournisseur des spectacles officiels[1] : *Bérénice* est créée lors de fêtes de cour ; *Iphigénie* sera interprétée dans le cadre somptueux de Versailles. En 1672, Racine est élu à l'Académie française. Il a trente-trois ans.

Son ascension sociale n'est pas moins éclatante. La belle-sœur (Henriette d'Angleterre, à qui *Andromaque* est dédiée), puis la maîtresse du roi (Mme de Montespan) le protègent ouvertement. Louis XIV, qui apprécie l'homme et son œuvre, l'estime. Le provincial, fils d'un modeste bourgeois, a pris sa revanche.

---

1. Louis XIV organisait à la Cour de magnifiques fêtes, où figuraient souvent des représentations théâtrales. Y voir une de ses œuvres jouée était pour un dramaturge un honneur et une récompense insignes.

■■■■■ L'HISTORIOGRAPHE DU ROI

1677 est pour Racine une année capitale, à des titres divers. C'est l'année de *Phèdre*. Ce « chef-d'œuvre de l'esprit humain », selon Voltaire, connaît un échec momentané, mais douloureux pour son auteur. Retrouvant en outre la foi de sa jeunesse, Racine se réconcilie officiellement avec Port-Royal. Le 30 mai, il se marie avec une riche bourgeoise parisienne, dont il aura sept enfants. En septembre, Louis XIV le nomme (avec Boileau) son historiographe, c'est-à-dire qu'il le charge de rédiger l'histoire de son règne. La promotion est vertigineuse. Immortaliser la gloire du monarque passait alors pour la plus haute dignité littéraire.

■■■■■ L'HOMME DE COUR

Racine cesse alors d'écrire pour le théâtre. Sa nouvelle dignité d'historiographe s'avère, dans la morale de l'époque, incompatible avec le métier de dramaturge, socialement moins respectable. Certes, Racine composera beaucoup plus tard *Esther* (1689) et *Athalie* (1691). Mais ce sera sur la demande expresse de Mme de Maintenon (maîtresse puis seconde épouse de Louis XIV) ; et ces deux pièces seront jouées par les demoiselles de Saint-Cyr[1], non par des comédiens professionnels. Écrivain attaché à la Cour, témoin des faits et des gestes de Louis XIV qu'il consigne pour la postérité, Racine se conforme scrupuleusement aux obligations de sa fonction. Il est devenu un homme de cour en vue. En 1696, Louis XIV le nomme son conseiller-secrétaire.

Racine meurt pieusement le 21 avril 1699. Conformément à son vœu, il est enterré à Port-Royal. Après la destruction de Port-Royal, ses cendres (ainsi que celles de Pascal) seront transférées en 1711 à Paris, à l'église Saint-Étienne-du-Mont.

---

1. Du nom de la maison d'éducation établie à Saint-Cyr-l'École, près de Paris, que Mme de Maintenon fonda en 1686 pour recueillir et élever des jeunes filles nobles, mais pauvres. Elle demanda à Racine d'écrire des tragédies pour les instruire et pour les divertir.

Résumé

2

L'action de la pièce se déroule à Buthrote, ville d'Épire (une partie de l'actuelle Albanie) et capitale du royaume de Pyrrhus. Les événements se passent à la suite de la guerre qui a opposé Grecs et Troyens, un an après la chute de Troie (également appelée Ilion), vers 1200 avant notre ère. Selon Homère (poète grec du IXe siècle avant J.-C.) qui raconte cette guerre dans l'*Iliade*, l'enlèvement d'Hélène, épouse du Grec Ménélas, par le Troyen Pâris fut à l'origine du conflit. Les villes grecques se coalisèrent aussitôt ; elles préparèrent une expédition punitive, puis assiégèrent Troie (située dans l'actuelle Turquie, en Asie Mineure) durant dix ans avant de la prendre et de la saccager.

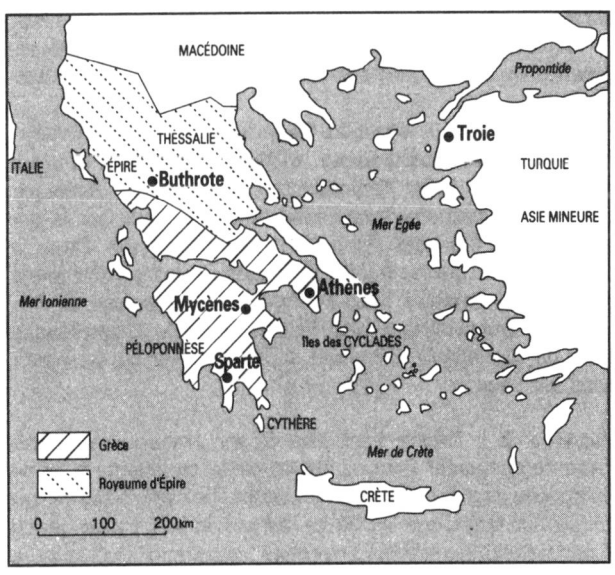

ACTE I

Scène 1 : Andromaque, veuve du prince troyen Hector, et son très jeune fils Astyanax sont devenus à la chute de Troie les prisonniers de Pyrrhus, roi d'Épire. Pour perpétuer l'entente avec les Grecs, ses anciens alliés dans la guerre, Pyrrhus doit épouser Hermione, fille de Ménélas, roi de Sparte. Celle-ci est déjà à la cour de Pyrrhus, dans l'attente des solennités de son mariage. Mais Pyrrhus s'est depuis peu épris d'Andromaque. Aussi ne cesse-t-il de repousser la date de son mariage avec Hermione.

Le Grec Oreste arrive sur ces entrefaites à Buthrote où il retrouve son fidèle ami Pylade, qui l'y a précédé. Les deux hommes, qui ne se sont pas vus depuis six mois, s'informent mutuellement des événements survenus depuis leur séparation. Ambassadeur des Grecs, Oreste vient officiellement réclamer Astyanax à Pyrrhus. Les Grecs ont appris par Hermione que l'enfant qu'ils croyaient mort est en vie ; et ils s'inquiètent du risque de le voir un jour rallumer la guerre en tentant de relever Troie de ses ruines. Ne vaut-il pas mieux le supprimer tout de suite pour éviter un futur conflit ? Cette mission n'est en réalité qu'un prétexte pour Oreste. Il vient surtout revoir Hermione qu'il aime en vain depuis toujours. Ni les voyages, ni la mort maintes fois cherchée sur divers champs de bataille ne l'ont guéri de l'amour absolu qu'il lui voue.

Pylade estime la situation favorable aux vœux d'Oreste. Par amour pour Andromaque, explique-t-il, Pyrrhus refusera sans doute de livrer Astyanax aux Grecs. Ainsi trahie par Pyrrhus, Hermione se laissera peut-être émouvoir par la longue fidélité d'Oreste. Rien n'est cependant sûr. Dans le trouble affectif qui est le sien, Pyrrhus peut épouser Hermione et punir Andromaque. Mais il peut également épouser Andromaque et renvoyer Hermione. Tout est possible. Oreste décide alors de convaincre Hermione ou de l'enlever ou de mourir sous ses yeux.

Scène 2 : Oreste s'acquitte de son ambassade. Il s'efforce de persuader Pyrrhus qu'Astyanax représente à terme un danger pour la Grèce. Fils d'Hector, l'enfant cristallise sur lui toute la haine que les Grecs ont portée à son père quand il commandait les armées troyennes : guerrier d'une bravoure exceptionnelle, Hector a tué trop de Grecs pour que son nom et sa famille ne soient pas maudits. Qui sait d'ailleurs si Astyanax ne deviendra pas, plus tard, un second Hector, désireux de prendre sa revanche et de reconstruire son royaume ?

Pyrrhus repousse la demande d'Oreste. De quel droit, dit-il, les Grecs prétendent-ils lui dicter sa conduite ? Comme Andromaque, Astyanax appartient à son butin de guerre ; et lui, Pyrrhus, peut en disposer à sa guise. Astyanax est en outre un très jeune enfant. Qui peut prévoir son avenir ? Qui peut, de si loin, s'en inquiéter ?

Oreste laisse alors entendre à Pyrrhus que les Grecs sont prêts à entreprendre une guerre contre lui pour récupérer et tuer Astyanax. Pyrrhus ignore la menace. Si les Grecs veulent la guerre, ils l'auront. N'a-t-il triomphé de Troie que pour leur obéir et pour céder à leurs exigences ? L'entretien s'achève sur la permission que Pyrrhus accorde à Oreste de rencontrer Hermione.

Scène 3 : Phœnix, confident de Pyrrhus, s'en étonne. Son maître aurait-il oublié qu'Oreste a toujours aimé Hermione ? Pyrrhus lui avoue qu'il verrait avec joie Hermione s'en retourner à Sparte avec Oreste.

Scène 4 : Andromaque paraît. Pyrrhus lui fait part des exigences grecques, de son refus de s'y soumettre et de son désir de protéger Astyanax. Peut-il espérer en retour qu'elle se montre moins distante, qu'elle accepte de l'épouser ? Andromaque feint de ne pas comprendre. Comment Pyrrhus peut-il l'aimer, elle, une captive toujours triste, toujours pleurant son époux mort et sa ville détruite ? Et si sauver un enfant est généreux, réclamer de l'amour pour salaire d'une générosité n'a en revanche rien de glorieux.

Pyrrhus insiste, s'offre non seulement à défendre Astyanax, mais encore à le rétablir sur le trône de Troie, même s'il lui faut combattre les Grecs. Ces perspectives de restauration politique laissent toutefois Andromaque indifférente. Renonçant à tout rêve de grandeur et de puissance, elle ne souhaite que vivre dans une obscure tranquillité où elle pourra élever son fils en paix. Que Pyrrhus épouse donc Hermione ! Irrité par tant de refus, Pyrrhus soudain menace et recourt au chantage : ou Andromaque l'épouse ou il fait exécuter Astyanax !

ACTE II

Scène 1 : Sur les conseils de Cléone, sa confidente, Hermione se résigne à recevoir Oreste. Quelle humiliation pour elle, en effet, de revoir Oreste qu'elle a si souvent dédaigné au moment précis où Pyrrhus la dédaigne pour Andromaque ! Sans doute, pense-t-elle, Oreste veut-il prendre plaisir à la voir souffrir. Cléone la rassure : Oreste l'aime toujours ; que compte-t-elle donc faire ? Hermione écarte d'emblée l'idée de regagner Sparte avec Oreste. Elle demeurera à Buthrote. L'inconstant Pyrrhus lui reviendra peut-être. Mais s'il ne revient pas vers elle, elle le haïra avec la même violence dont elle l'aime ; elle incitera les Grecs à le combattre et elle finira par se laisser séduire par Oreste.

Scène 2 : Voici justement Oreste. Hermione s'enquiert du véritable motif de sa visite : est-ce le soupirant ou l'ambassadeur qu'elle accueille ? Oreste lui déclare aussitôt qu'il n'a jamais cessé de l'aimer, malgré tous ses efforts pour l'oublier. Hermione le rappelle à ses devoirs : quel est le résultat de son ambassade ? Oreste l'informe du refus de Pyrrhus de livrer Astyanax aux Grecs. Hermione comprend que Pyrrhus n'agit ainsi que par amour pour Andromaque. Sa déception ne parvient pourtant pas à étouffer sa passion pour lui. Mais, désireuse de laisser quelques illusions à Oreste, elle le charge d'une mission : qu'il aille dire à Pyrrhus qu'Hermione ne l'épousera jamais s'il persiste à ne pas rendre Astyanax aux Grecs. En cas d'un nouveau refus, elle partira avec Oreste.

Scène 3 : Demeuré seul, Oreste estime que son bonheur est proche. Comme Pyrrhus n'acceptera jamais de se plier à l'ultimatum des Grecs, il est sûr de rentrer à Sparte avec Hermione. Oreste laisse éclater sa joie.

Scène 4 : Coup de théâtre : Pyrrhus annonce à Oreste qu'il a changé d'avis. Sa gloire et l'intérêt de son royaume lui commandent d'éviter toute guerre contre ses anciens alliés. Il va donc leur livrer Astyanax. Demain, il épousera Hermione. Pyrrhus prie Oreste d'assister, en sa qualité d'ambassadeur des Grecs, à la cérémonie religieuse.

Scène 5 : Resté seul avec Phœnix, son confident, Pyrrhus explique son soudain revirement. Sa dernière entrevue avec Andromaque l'a convaincu que celle-ci resterait toujours attachée au souvenir d'Hector et qu'elle ne l'épouserait donc jamais. Phœnix doute malgré tout de la résolution de son roi : Pyrrhus parle encore trop d'Andromaque ; il s'inquiète trop de savoir si elle ne sera pas jalouse de son mariage avec Hermione pour qu'il ait vraiment cessé d'aimer Andromaque.

ACTE III

Scène 1 : Oreste, désespéré, projette d'enlever Hermione. Pylade, son ami, tente de l'en dissuader. Il est inconcevable, contraire au droit et à la morale, qu'un ambassadeur se fasse le ravisseur d'une princesse. Mais Oreste se moque de ce que diront et entreprendront Pyrrhus et la Grèce. Il ne peut supporter l'idée qu'Hermione épouse Pyrrhus. Par amitié pour Oreste, Pylade accepte de participer à l'enlèvement.

Scène 2 : Devant Oreste, Hermione dissimule mal sa joie d'épouser Pyrrhus. N'est-ce pas d'ailleurs son devoir ? Ménélas, son père, et la Grèce tout entière souhaitent ce mariage. Oreste contient sa souffrance ; il rompt brusquement l'entretien.

Scène 3 : Ce sang-froid d'Oreste surprend Hermione. Cléone le plaint, tandis qu'Hermione, oubliant les hésitations de Pyrrhus et la douleur d'Oreste, clame son bonheur.

Scène 4 : Survient Andromaque en pleurs. À genoux, elle supplie Hermione d'intercéder auprès de Pyrrhus en faveur de son fils Astyanax. Ne lui a-t-elle pas rendu naguère un service du même ordre ? C'est en effet sur son intervention qu'Hector a laissé la vie sauve à la mère d'Hermione. Ce que, elle, Andromaque a pu obtenir de son mari, Hermione peut aujourd'hui l'obtenir de Pyrrhus ! Un jour, Hermione connaîtra les inquiétudes d'une mère. Que craindre en effet d'un jeune enfant ? Hermione lui répond sur un ton sec et cinglant : qu'Andromaque aille directement fléchir Pyrrhus ! Elle, Hermione, obéira aux décisions du roi.

Scène 5 : Confidente d'Andromaque, Céphise pousse sa maîtresse à solliciter la pitié de Pyrrhus.

Scène 6 : Andromaque implore donc la clémence de Pyrrhus. Celui-ci se montre intransigeant. Torturée et accablée, Andromaque fait appel à sa générosité : comment serait-il assez lâche pour faire assassiner un enfant ? Pyrrhus hésite, congédie son confident Phœnix.

Scène 7 : Demeuré avec Andromaque, Pyrrhus, ému par sa présence et sa douleur, lui renouvelle son offre : qu'elle l'épouse, et il sauvera Astyanax.

Scène 8 : Céphise, sa confidente, encourage Andromaque à accepter. Après tout, qu'a de déshonorant un mariage avec Pyrrhus ? C'est un roi couvert de gloire et d'exploits. Une trop longue fidélité au souvenir d'Hector deviendrait vite criminelle en faisant courir un danger mortel à Astyanax. Malheureuse, Andromaque ne sait à quoi se résoudre. D'un côté, elle garde en mémoire l'atroce image de Pyrrhus pénétrant dans Troie en flammes, massacrant ses frères, excitant les Grecs au carnage. D'un autre côté, elle se remémore les adieux d'Hector, son mari, lui recommandant de veiller sur leur fils Astyanax. Andromaque est déchirée entre sa fidélité à Hector qui lui impose de ne pas épouser Pyrrhus, et son amour maternel qui, pour sauver Astyanax, l'oblige à s'unir à Pyrrhus. Elle décide d'aller sur son tombeau[1] consulter son époux.

ACTE IV

Scène 1 : Andromaque consent à épouser Pyrrhus. Céphise, sa confidente, s'en réjouit — trop vite toutefois. Andromaque lui révèle en effet le stratagème qu'elle a imaginé. Aussitôt après la cérémonie nuptiale au temple, elle se suicidera. Comme elle aura légalement épousé Pyrrhus, celui-ci sera contraint de tenir sa promesse et de protéger Astyanax ; mais son suicide lui permettra de demeurer fidèle à

---

1. Bien que Racine emploie le mot « tombeau » (v. 1048), il ne s'agit pas de la sépulture d'Hector, renfermant son corps. Selon la légende et Homère, en effet, le cadavre d'Hector demeura privé de funérailles, au pied des remparts de Troie. Ce « tombeau » est donc en réalité ou bien une stèle funéraire qu'Andromaque a fait élever à la mémoire de son époux ou bien ce qu'on appelle un cénotaphe, c'est-à-dire un tombeau vide, sans corps.

Hector et de ne pas vivre avec un autre homme. Céphise affirme ne pas vouloir survivre à sa maîtresse. Andromaque l'incite au contraire à vivre pour s'occuper d'Astyanax.

Scène 2 : Hermione, qui a appris la nouvelle du mariage de Pyrrhus et d'Andromaque, se réfugie dans un lourd silence. Elle exige soudain de voir Oreste.

Scène 3 : Hermione lui demande de tuer Pyrrhus. Oreste hésite : le régicide[1] est un crime abominable, sévèrement puni par les dieux et par les hommes. Hermione insiste. Si Pyrrhus ne meurt pas aujourd'hui, elle peut encore l'aimer demain. Oreste cède devant cette menace. Il réclame toutefois un délai : un attentat s'organise, se prépare, et cela prend du temps. Hermione éclate alors de fureur. Tant d'hésitations prouvent à l'évidence qu'il ne l'a jamais aimée. Puisqu'il en est ainsi, elle assassinera elle-même Pyrrhus pour se suicider aussitôt après. Oreste accepte enfin.

Scène 4 : Hermione savoure à l'avance sa vengeance quand survient Pyrrhus. Elle a tout juste le temps d'envoyer Cléone, sa confidente, auprès d'Oreste pour lui dire de ne rien entreprendre avant qu'il ait une nouvelle fois vu Hermione.

Scène 5 : Pyrrhus se justifie. Il avoue sans détour à Hermione qu'il aime Andromaque et qu'il va l'épouser dans quelques heures. Ce faisant, il reconnaît volontiers qu'il est volage. Mais Hermione sait, comme lui, que leur projet de mariage, établi par des ambassadeurs, n'obéissait qu'à des considérations politiques. Pyrrhus a d'ailleurs sincèrement cru que le devoir et la volonté lui tiendraient lieu d'amour. En vain. Les charmes d'Andromaque ont été les plus forts. Hermione lui répond ironiquement. Elle trouve la franchise de Pyrrhus remarquable... d'hypocrisie. Avec quel talent essaie-t-il en effet de masquer son inconstance sous des considérations politiques ! Il faut se croire aimé pour se croire infidèle, lui réplique durement Pyrrhus. L'argument est injuste et cruel, car Pyrrhus sait très bien qu'Hermione l'aime passionnément. Mais, dans son désir de rompre, tous les arguments lui sont bons, même les plus faux. Touchée à vif, Hermione lui crie qu'elle n'a jamais aimé que lui ; et elle le supplie de retarder

---

1. Le régicide est celui qui tue ou qui a l'intention de tuer un roi.

son mariage avec Andromaque. Devant le silence de Pyrrhus, elle laisse entendre qu'elle se vengera.

Scène 6 : Phœnix, son confident, conseille à Pyrrhus de ne pas prendre la menace d'Hermione à la légère. Celui-ci ne l'écoute pas. Andromaque l'attend. Il demande à Phœnix de veiller sur Astyanax.

ACTE V

Scène 1 : Monologue d'Hermione. Partagée entre son amour pour Pyrrhus et son désir de vengeance, Hermione ne sait que faire. Tantôt elle souhaite faire assassiner Pyrrhus, tantôt elle veut qu'il vive. Pyrrhus mort, c'est certes se venger avec éclat, mais c'est aussi renoncer à jamais à se faire peut-être aimer de lui. Hermione s'apprête à révoquer l'ordre d'assassinat qu'elle a donné à Oreste quand arrive précipitamment Cléone.

Scène 2 : Cléone décrit la cérémonie du mariage qui vient de commencer au temple. Elle dépeint à Hermione le bonheur de Pyrrhus, les ultimes hésitations d'Oreste que le seul nom d'assassin épouvante. Hermione entre à ces mots dans une colère froide. Elle accuse Oreste de lâcheté puis elle se résout, quels que soient les risques, à aller tuer elle-même Pyrrhus.

Scène 3 : C'est inutile. Oreste accourt lui annoncer la mort de Pyrrhus. Hermione accueille d'abord la nouvelle avec un laconique étonnement. Croyant qu'elle doute de l'assassinat de Pyrrhus, Oreste lui explique par le détail les circonstances de l'attentat. À peine Pyrrhus avait-il prononcé les paroles sacramentelles du mariage et à peine avait-il reconnu Astyanax pour le roi des Troyens que les Grecs se sont précipités sur lui pour le poignarder. « Qu'ont-ils fait ? », s'exclame Hermione. Oreste s'excuse de ne pas avoir porté le premier coup de poignard, comme elle le lui avait demandé. Mais c'est bien lui qui a stimulé jusqu'au bout l'ardeur des Grecs. Qu'importe d'ailleurs de savoir qui a frappé le premier ? Tous n'ont fait qu'exécuter la sentence d'Hermione. Elle, et elle seule, est l'âme de la vengeance.

Hermione éclate alors en violents reproches contre Oreste. Qui lui a dit d'assassiner Pyrrhus ? Oreste ne comprend plus. N'a-t-elle pas elle-même ordonné cet assassinat ? Hermione maudit Oreste. Comment n'a-t-il pas compris que cet ordre venait de sa jalousie et que sa jalousie venait de son amour, que son cœur démentait ses propos ? Hermione renvoie Oreste à sa solitude.

Scène 4 : Monologue d'Oreste. Celui-ci se rend compte de la monstruosité de son crime. Et pour quel résultat ? Pour s'entendre reprocher d'avoir trop bien et trop vite obéi ! Oreste commence à perdre la raison.

Scène 5 : Son ami Pylade le presse de fuir. Andromaque rend en effet à Pyrrhus les devoirs d'une veuve fidèle et elle a ordonné qu'on punisse les assassins de son mari. Des soldats pourchassent tous les Grecs. Mais Oreste ne bouge pas, préférant mourir aux pieds d'Hermione. Pylade lui apprend alors le suicide d'Hermione. Oreste sombre dans la folie ; partout il aperçoit Hermione et Pyrrhus. Pylade l'entraîne pour tenter de regagner Sparte avant que les gardes de Pyrrhus les arrêtent.

3 Les personnages

La pièce comprend huit personnages. Deux d'entre eux jouent un rôle très secondaire : Cléone et Céphise, confidentes respectives d'Hermione et d'Andromaque, ont en effet pour seules fonctions d'inciter leurs maîtresses à mieux s'expliquer sur leurs intentions. Bien qu'il fût le « gouverneur » (c'est-à-dire le précepteur) de Pyrrhus, Phœnix remplit le même rôle utilitaire. Ne restent donc que cinq personnages importants : Pyrrhus, Hermione, Andromaque, Oreste et, à un moindre degré, Pylade.

PYRRHUS

Pyrrhus est un homme complexe, sujet à de profondes contradictions. Souverain d'Épire, c'est un roi illustre, d'un tempérament violent, orgueilleux, en proie à une crise intérieure que son amour pour Andromaque précipite et accélère.

Un roi au passé prestigieux

Le passé de Pyrrhus est prestigieux à un double titre : par ses origines familiales et par ses exploits personnels.

Pyrrhus est le fils du célèbre Achille, lui-même né de la déesse Thétis, et qui s'est couvert de gloire durant le siège de Troie avant d'y trouver la mort[1]. La réputation de son père

---

1. Dépeint par Homère comme le plus brave de tous les Grecs, Achille tue Hector, l'époux d'Andromaque, en combat singulier ; mais il est lui-même tué par une flèche décochée par Pâris (frère d'Hector et ravisseur d'Hélène). Cette flèche le blesse mortellement au talon, le seul point vulnérable de son corps. Sa mère, la déesse Thétis, pour le rendre immortel, l'avait baigné dans l'eau du Styx (un des fleuves des Enfers) qui possédait la propriété de rendre invulnérable. Mais tenant l'enfant par son talon, elle ne s'était pas aperçue que cette partie de son corps resterait à la merci de toute blessure.

rejaillit encore sur lui. C'est au « fils d'Achille » (v. 146 et 150) qu'Oreste s'adresse au début de son ambassade ; et c'est à l'honneur du « fils d'Achille » (v. 310) qu'Andromaque en appelle lorsqu'elle supplie Pyrrhus d'épargner son fils Astyanax. Ce rappel flatteur de ses origines le place d'emblée dans la lignée des grandes figures de la Grèce.

Bien qu'il soit encore jeune — une vingtaine d'années environ[1] —, Pyrrhus s'est déjà montré digne de son père. Hermione se souvient avec ravissement du « nombre des exploits » (v. 852) qu'il a accomplis durant la guerre de Troie. Elle le dépeint comme un chef « intrépide, et partout suivi de la victoire » (v. 853). Le premier, en effet, Pyrrhus a escaladé les remparts de la ville assiégée. Grâce à sa bravoure, les Grecs l'ont emporté : il est reconnu comme le « vainqueur de Troie » (v. 146).

Un roi cruel

Sa renommée ne doit pourtant pas masquer sa cruauté. Pyrrhus a été un homme de guerre sanguinaire, excitant ses troupes au carnage, massacrant sur son passage femmes, vieillards et enfants (v. 997 à 1004). Aucun scrupule ne l'arrêtait. « Tout était juste alors » (v. 209), dit-il à Oreste en évoquant l'horrible tuerie qui accompagna la prise de Troie.

Cruel à la guerre, Pyrrhus le demeure dans la paix. Bien avant qu'Oreste ne lui réclame la tête d'Astyanax, il a menacé d'immoler l'enfant (v. 113-114). Pour forcer Andromaque à l'épouser, il n'hésite pas à recourir au chantage (v. 370 et 976) : en cas de refus, c'est la mort du fils d'Andromaque. Avec tous, Pyrrhus se montre blessant, presque gratuitement. Quand il envisage un instant d'épouser Hermione, il ordonne à Oreste d'assister à son mariage (v. 619-620), sans se soucier de la souffrance d'Oreste, dont il connaît pourtant l'amour pour la jeune fille. De la même façon, Pyrrhus provoque Hermione lorsqu'il lui annonce son mariage avec

---

1. Rien dans le texte n'indique précisément l'âge de Pyrrhus. Mais le qualificatif de « charmant » (v. 854) que lui donne Hermione, l'étude, même approximative, de sa généalogie, et l'habitude de ne présenter, le plus souvent dans les tragédies du XVIIe siècle, que des êtres jeunes, tout concourt à voir en Pyrrhus un homme de vingt ans environ. Il était courant, tant dans l'Antiquité que dans la France du XVIIe siècle, que les chefs militaires soient jeunes.

Andromaque : pourquoi, sinon pour la faire souffrir, lui dire qu'elle n'était pas obligée de l'aimer (v. 1355) ? Il y a chez Pyrrhus un goût inné de la méchanceté.

Un roi orgueilleux

Un orgueil immense en outre l'habite. Jamais il n'accepte de se laisser dicter sa conduite. Son refus de livrer Astyanax aux Grecs s'explique certes par son désir de conquérir le cœur d'Andromaque, mais aussi parce que céder lui semblerait honteux, déshonorant, comme un signe d'infériorité (v. 238). À l'ultimatum grec le menaçant d'une guerre prochaine, Pyrrhus répond par un défi immédiat : il consentira « avec joie » (v. 229) à ce nouveau conflit.

Cet orgueil de Pyrrhus s'avère d'autant plus inquiétant que celui-ci sait fort bien à quelles conséquences catastrophiques il s'expose. Il sait qu'il sera « haï de tous les Grecs » (v. 291) s'il protège Astyanax. Sa vie, son royaume sont en jeu. S'il lui arrive d'hésiter (v. 638 à 640), c'est brièvement et sans de plus longues réflexions. L'audace, la volonté d'agir comme il l'entend finissent toujours chez lui par triompher.

De sa violence et de son orgueil naturels découlent ses attitudes imprévisibles. Pyrrhus est un impulsif, sincère sur l'instant, mais changeant de sincérité selon les instants. Aussi se contredit-il aisément, offrant sa main tantôt à Hermione, tantôt à Andromaque. Comme le remarque Pylade, on ne peut se fier à « un cœur si peu maître de lui » (v. 120).

Un roi en proie à une crise intérieure

Pyrrhus n'est cependant ni un monstre ni un complet barbare. Une crise intérieure le mine. Avec le recul du temps, le souvenir de ses cruautés à la guerre l'effraie. Il admet que sa colère fut « trop sévère » (v. 213) envers les vaincus : il reconnaît avoir « fait des malheureux » (v. 313). Le « vainqueur de Troie » (v. 145) découvre qu'il n'a été qu'un tueur ; et, malgré son caractère brutal, Pyrrhus regrette les atrocités qu'il a commises. La demande des Grecs de leur livrer Astyanax l'indigne sincèrement. Le sort du jeune enfant émeut sa « pitié » (v. 215). « Peut-on haïr sans cesse ? Et punit-on toujours ? » (v. 312), se demande-t-il. Pyrrhus cherche à briser le cercle infernal de la violence dans lequel la guerre de Troie l'a plongé et où les exigences grecques, s'il y satisfaisait, continueraient à l'enfermer.

Son amour pour Andromaque, sa plus illustre prisonnière, et la protection qu'il accorde en définitive à Astyanax lui sont un moyen de réparer ses crimes, d'effacer en quelque sorte l'horrible guerre qu'il a menée contre Troie. Certes, il devra pour cela se retourner contre ses anciens alliés et les combattre. Mais cette nouvelle guerre, Pyrrhus la conduirait pour les Troyens, au nom des victimes des Grecs. Il se battrait contre leurs bourreaux. Ce conflit lui permettrait d'expier sa participation à la guerre contre Troie.

Un roi suicidaire

La crise de Pyrrhus est si profonde qu'elle nourrit chez lui un évident désir de mourir. La mort lui apparaît comme la seule solution possible. Pour Andromaque, dit-il, il trouve du « plaisir » à se « perdre » (v. 642). C'est le châtiment qu'il croit mériter pour sa barbarie passée. Au sens strict, on ne peut naturellement pas parler de suicide, puisque Pyrrhus meurt assassiné. Mais il fait tout pour disparaître de cette façon : d'abord en défiant les Grecs par son mariage avec Andromaque ; ensuite en ne prenant aucune précaution pour assurer sa sécurité. Sur son ordre, sa garde personnelle veille à la protection d'Astyanax (v. 1453). Tout à son amour, il ne songe plus à son « salut », « il ne voit rien » (v. 1449) et il ne s'inquiète même pas de savoir si ceux qui l'entourent, durant la cérémonie du mariage, sont des amis ou des « ennemis » (v. 1451). Pyrrhus recherche sa mort pour annuler un épisode sanglant de l'Histoire. Le vainqueur, se rendant compte que la victoire a été trop chèrement acquise, se comporte comme s'il ne voulait plus survivre à son triomphe.

■■■ HERMIONE

Fille du Grec Ménélas, roi de Sparte, et d'Hélène, enlevée par Pâris[1], Hermione est une jeune princesse insensible et

---

1. Voir, p. 9.

fière. Mais, comme souvent chez Racine où les événements tragiques servent d'épreuve de vérité, Hermione finit par se connaître elle-même et par savoir qui elle est véritablement : une femme dévorée d'amour.

Une princesse insensible

Hermione n'a rien à envier à Pyrrhus : tous deux sont à leur façon des êtres égoïstes et durs. Elle a autrefois repoussé sans ménagement Oreste. De son propre aveu, elle l'a négligé avec « trop d'ingratitude » (v. 393). Elle se sert de lui au gré de ses intérêts, sans se soucier des blessures morales qu'elle lui inflige. Tantôt elle lui fait croire qu'elle n'épousera Pyrrhus que pour obéir à son père (v. 583 à 586) ; tantôt elle lui permet de le suivre, mais après avoir multiplié les obstacles et les conditions à son départ (v. 587 à 590) ; tantôt encore elle lui fait part de sa joie d'épouser Pyrrhus (III, 2). Il est impossible de susciter plus d'espoirs et plus de déceptions en si peu de temps.

Insensible aux tourments d'Oreste, Hermione l'est également à l'angoisse d'Andromaque. C'est elle qui a fait savoir aux Grecs qu'Astyanax était encore en vie, contrairement à ce que tous pensaient. L'information fut transmise dans l'intention avouée de faire tuer l'enfant, de faire en conséquence périr Andromaque de chagrin ou de créer chez elle une haine telle pour les assassins de son fils qu'elle ne pardonnerait jamais à Pyrrhus d'avoir livré Astyanax aux Grecs (v. 445 à 448). Hermione ne répugne à utiliser aucun moyen pour éliminer sa rivale auprès de Pyrrhus. Quand, en outre, ce dernier a pris la décision d'épouser Hermione, quand celle-ci n'a donc (sur l'instant) plus rien à redouter, elle refuse d'intervenir auprès de son futur mari pour sauver Astyanax. Son refus est d'autant plus ingrat que c'est grâce à Andromaque que sa mère, Hélène, eut naguère la vie sauve. La pitié, la reconnaissance sont des sentiments inconnus d'Hermione.

Une princesse fière

L'amour-propre commande souvent ses réactions. La venue d'Oreste lui inspire d'abord du dépit, de la « honte » (v. 395). Non parce qu'elle regrette de l'avoir autrefois méprisé, mais parce qu'Oreste survient au moment où elle est à son tour méprisée de Pyrrhus. Elle ne peut supporter l'idée que son abandon réjouisse Oreste. Un décalage saisissant existe entre ce qu'elle dit et ce qu'elle pense. D'un côté, Hermione tient un discours moral, empreint de grandeur et de dignité : elle évoque la puissance de la Grèce, la gloire de son père Ménélas, l'obligation alors traditionnelle pour une princesse d'obéir à la raison d'État (v. 821-822 ; 881-882). Mais, d'un autre côté, elle n'a que dédain pour les Grecs eux-mêmes qui, durant « dix ans, ont fui devant Hector » (v. 840), qui, « cent fois effrayés », ont battu en retraite (v. 841). Hermione, dans son immense orgueil, ne s'intéresse qu'à ce qui peut maintenir ou accroître sa renommée. Le reste, elle l'ignore, ou elle l'écrase de son mépris.

Cette vanité transparaît jusque dans l'ordre qu'elle donne à Oreste d'assassiner Pyrrhus. Celui-ci doit mourir, mais il doit aussi savoir pourquoi il meurt : par l'effet de la vengeance d'Hermione, non à la suite d'un complot politique. « Qu'on l'immole », dit-elle, « à ma haine et non pas à l'État » (v. 1268). Un vers suffit à résumer la vertigineuse fierté qui la domine : « Ne vous suffit-il pas que je l'ai condamné ? » (v. 1188), réplique-t-elle aux objections d'Oreste qui hésite à tuer Pyrrhus. Comme si Hermione était la maîtresse du monde, tenant le sort de chacun dans ses mains.

Une princesse dévorée d'amour

La nature profonde d'Hermione s'avère en réalité très différente de ses attitudes et des apparences. Elle-même (et le spectateur avec elle) ne s'en rend compte que progressivement et trop tard quand, à la fin de la pièce, on lui annonce la mort de Pyrrhus. L'amour est sa seule vérité, son unique raison de vivre. Jusqu'à ce qu'elle connaisse Pyrrhus, son existence a été simple. Destinée à épouser le roi d'Épire pour des motifs politiques afin que son mariage scelle une entente durable entre l'Épire et les Grecs, elle arrive à la cour de Pyrrhus résignée à son sort — pour s'éprendre radicalement de l'homme qu'elle devait épouser par obligation. Tout change dès lors en elle ; elle ne voit désormais et ne respire que pour Pyrrhus. Son insensibilité à l'égard d'Oreste, manière dont elle se sert de lui s'expliquent par son désir de conserver le cœur de Pyrrhus. Tout lui est bon pour cette conquête ou pour cette reconquête, même les moyens les plus immoraux. Sa cruauté envers Andromaque est volonté de se débarrasser d'une rivale. Sa fierté provient de son éducation princière qui lui a inculqué l'orgueil de son rang. Son égoïsme, parfois monstrueux, n'est que la contrepartie de sa passion : hors de son amour pour Pyrrhus, rien ni personne n'existent. Ses cris d'amour ponctuent le déroulement de la pièce à intervalles réguliers[1] : quelques instants avant le mariage de Pyrrhus et d'Andromaque, Hermione dit encore sa passion à l'« infidèle » (v. 1356-1360).

L'ordre qu'elle donne d'assassiner Pyrrhus témoigne paradoxalement de cette passion qui la dévore : elle le fait tuer par impossibilité d'admettre qu'il vive avec une autre femme, par incapacité à vivre sans lui. C'est le geste jaloux d'une « amante insensée » (v. 1545), comme elle le dira elle-même plus tard — trop tard. Sa jalousie serait moins forte, si elle aimait moins.

Les dernières paroles d'Hermione sont à cet égard révélatrices. À peine Pyrrhus est-il mort qu'elle regrette le temps où il lui était infidèle : « Il m'aimerait peut-être, il le feindrait du moins » (v. 1560). Placée devant l'irrémédiable, Hermione se contenterait d'une apparence d'amour, accepterait que Pyrrhus soit encore inconstant : elle se satisferait de tout, pourvu qu'elle pût encore espérer. Son suicide devient dès lors logique : comment vivrait-elle sans Pyrrhus ? Son suicide est un acte d'amour, qui la révèle enfin à elle-même : Hermione n'est, n'a été, jusque dans ses contradictions, qu'une amoureuse absolue.

ANDROMAQUE

Prisonnière de Pyrrhus depuis la chute de Troie, Andromaque est une mère angoissée, une veuve fidèle au souvenir d'Hector, son époux, et une princesse consciente de ses devoirs.

---

[1]. Voir notamment les vers 416, 436 à 440, 550 à 554, 810 à 815, 1200, 1356, 1365, 1545 à 1549.

Une mère angoissée

Avant même qu'elle apprenne qu'une ambassade des Grecs vient réclamer son fils Astyanax, Andromaque est une mère déchirée. Déjà, lors des heures horribles qui suivirent la chute de Troie, elle a dû ruser pour sauver son enfant du massacre général. Elle a laissé conduire au « supplice », voulu par les Grecs, un « faux Astyanax » (v. 222) grâce à une substitution d'enfant. Depuis, Andromaque vit dans l'angoisse. Ses premiers mots, son premier geste dans la pièce sont pour son fils. Séparée d'Astyanax qu'elle n'a le droit de voir qu'une fois par jour, elle va lui rendre visite (v. 260 à 264), quand Pyrrhus l'arrête en chemin pour l'informer de la demande grecque. Andromaque recourra dès lors à tout ce qui est imaginable pour protéger son enfant : elle suppliera Pyrrhus, elle implorera à genoux l'aide d'Hermione ; et, devant l'inutilité de ses démarches, elle se résoudra à épouser Pyrrhus, puis à se tuer juste après la cérémonie. Pyrrhus, qui s'est engagé à veiller sur Astyanax, si Andromaque l'épousait, sera ainsi contraint de tenir sa parole.

Une veuve fidèle

Mère, Andromaque est également et surtout une veuve ; elle est passionnément attachée au souvenir de son époux Hector, tué en combat singulier par Achille, le père de Pyrrhus. Le sentiment maternel renvoie en effet au sentiment amoureux qui est, chez elle, le premier et le plus fort. À travers son fils, Andromaque retrouve l'image vivante de son mari :

> Voilà ses yeux, sa bouche, et déjà son audace ;
> C'est lui-même, c'est toi, cher époux, que j'embrasse.
> (v. 653-654).

Sa mémoire et son cœur conservent les dernières paroles d'Hector avec une acuité suffisante pour que, plus d'un an après, elle les rapporte encore au style direct (v. 1021 à 1026). Or, Hector lui a demandé d'aimer Astyanax comme un second lui-même (v. 1026). Quand, enfin, Andromaque, soumise au chantage pressant de Pyrrhus, ne sait plus que faire, c'est Hector que « sur son tombeau » elle va consulter (v. 1077-1078).

La tragédie n'est d'ailleurs possible que dans la mesure où Andromaque s'affirme d'abord comme épouse, comme veuve d'Hector. Si elle écoutait ses seuls devoirs maternels, Andromaque n'hésiterait pas un seul instant : elle ferait immédiatement tout pour sauver Astyanax. C'est parce qu'elle éprouve un amour éternel pour son mari qu'elle hésite, qu'elle ne peut se résoudre à épouser Pyrrhus, et qu'en conséquence se noue le drame.

Une princesse conscience de ses devoirs

Andromaque est enfin princesse. Elle l'est même deux fois dans la pièce : elle est la princesse, déchue, de Troie et elle est la reine en titre d'Épire, après que Pyrrhus l'a épousée.

Princesse déchue de Troie, Andromaque ne se console pas de l'effondrement de sa patrie. Sa fidélité affective et personnelle envers Hector se double d'un patriotisme aussi douloureux qu'aigu ; et ses propres malheurs se confondent avec ceux de sa nation. Andromaque porte autant le deuil de son mari que celui de son « peuple » pour qui « la nuit cruelle » qui vit la chute de Troie fut « une nuit éternelle » (v. 997-998). Prisonnière de Pyrrhus, Andromaque ne dispose d'aucun moyen pour aider ses sujets ; du moins continue-t-elle de les plaindre et de compatir à leurs souffrances.

Plus étranges peuvent aujourd'hui paraître son rôle et son attitude quand, à la fin de la pièce, elle ordonne de poursuivre les assassins de Pyrrhus. « Aux ordres d'Andromaque ici tout est soumis » (v. 1587), précise Pylade. Pourquoi ce soudain revirement d'Andromaque cherchant à venger la mémoire d'un homme qu'elle a si longtemps repoussé et si longtemps considéré comme son ennemi ? Son comportement, à vrai dire, ne soulevait guère d'interrogation dans l'esprit des spectateurs du XVIIe siècle. En épousant un roi, une femme se devait en effet d'épouser en même temps la cause et les intérêts du pays dont elle devenait reine. L'histoire de la monarchie française en fournissait de nombreux exemples. Louis XIII avait épousé (en 1615) Anne d'Autriche, et Louis XIV venait de se marier (en 1660) avec Marie-Thérèse, fille du roi Philippe IV d'Espagne : à chaque fois, ces deux reines (et bien d'autres avant elles dans les siècles précédents) n'avaient cessé de défendre leur pays d'adoption parfois contre leur pays d'origine. Andromaque réagit de la même façon. Épouse de Pyrrhus, elle se doit de venger le roi d'Épire, d'embrasser le parti de sa nouvelle nation.

Elle le fait avec d'autant plus de vigueur que pourchasser les Grecs qui ont tué Pyrrhus est aussi une manière de venger les Troyens vaincus par les Grecs. L'ennemi reste le même. Tout en accomplissant son métier de reine, Andromaque demeure fidèle à Troie.

ORESTE

Fils d'Agamemnon, l'un des chefs les plus prestigieux de la coalition contre Troie, Oreste apparaît dans la pièce sous un triple jour : c'est un ambassadeur, un amant et un personnage maudit.

Un ambassadeur

Oreste arrive à la cour de Pyrrhus avec une fonction officielle : les Grecs l'ont expressément mandaté pour réclamer Astyanax à Pyrrhus. Lui-même a sollicité cette mission (v. 89-90), et il s'en acquitte avec un soin scrupuleux. Il développe devant Pyrrhus tous les arguments politiques que justifie sa démarche : ils peuvent se résumer par le fait que le fils d'Hector et d'Andromaque incarne à terme un danger pour la paix (voir la scène 2 de l'acte I).

Un amant

Très vite, toutefois, l'ambassadeur disparaît derrière l'amant. Oreste n'a accepté cette charge officielle que pour revoir Hermione ; et le succès de sa mission diplomatique lui importe beaucoup moins que les sentiments d'Hermione à son égard. Aimant depuis toujours celle-ci et ne pouvant aimer qu'elle, il a en vain tenté d'oublier l'indifférence d'Hermione. Il a voyagé de mer en mer et défié la mort à plusieurs reprises. Dès sa première apparition dans la pièce, Oreste s'affirme prêt à tout : il vient, dit-il à Pylade, convaincre Hermione de l'épouser, ou à défaut, « l'enlever ou mourir à ses yeux » (v. 100). Oreste est le double masculin d'Hermione : comme celle-ci n'existe que par sa passion pour Pyrrhus, il n'existe, lui, que par sa passion pour Hermione.

Un personnage maudit

Son amour est si fort qu'il le conduit à sa perte[1]. Oreste trahit en effet tous ses devoirs les uns après les autres. À partir de l'acte II, il néglige ses obligations d'ambassadeur pour ne se soucier que d'Hermione, qu'il envisage un instant d'enlever (scène 1 de l'acte III). Le sort d'Astyanax, la cause des Grecs, qu'il a pourtant officiellement mission de soutenir (v. 599 à 602), le laissent indifférent.

Surtout, en assassinant Pyrrhus, Oreste viole toutes les lois divines et humaines. Tant dans l'Antiquité gréco-romaine que dans la France du XVIIe siècle, le régicide[2] était considéré comme le pire des crimes. Parmi les symboles que véhiculait la notion de royauté figuraient en effet les images du « père » (le roi régnant sur ses sujets étant assimilé à un père de famille) et d'un homme choisi, protégé par la divinité. Aussi, tuer un roi était-il un « parricide »[3], un acte « sacrilège » (v. 1574). Oreste en prend conscience juste avant de sombrer dans la folie. Par amour, il est devenu un « monstre » (v. 1579). Et pour n'obtenir rien en contrepartie, puisque Hermione se suicide.

Maudit par la femme à qui il a pourtant obéi au point de se faire criminel pour elle, Oreste est donc aussi maudit par les hommes et par les dieux. Son geste meurtrier est d'autant plus impardonnable qu'il est un ambassadeur, et qu'il aurait dû être respectueux des autorités politiques auprès desquelles il était en mission. Oreste est par excellence la victime de sa passion, du destin (représenté par un amour invincible). Il est l'homme dont le « ciel » s'est servi « pour être du malheur un modèle accompli » (v. 1619). On comprend qu'il devienne fou de douleur et de désespoir.

---

1. Sur l'analyse de la passion amoureuse, voir p. 35 à 41.
2. Voir p. 15, note 1.
3. Un parricide, au sens strict, désigne le fait de tuer son père. Par extension, le mot s'applique à l'assassinat d'un roi (parce qu'il est symboliquement le « père » de son royaume).

PYLADE
OU L'AMI DÉVOUÉ

Moins important que les personnages précédents, Pylade n'en joue pas moins un rôle réel dans l'action. Il apparaît à trois reprises dans la pièce : à la scène 1 de l'acte I, pour informer Oreste de l'état d'esprit de Pyrrhus ; à la scène 1 de l'acte III, pour dispenser des conseils de modération à Oreste ; et à la scène 5 de l'acte V pour tenter de sauver celui-ci et de le soustraire aux soldats qui le poursuivent.

Pylade se définit tout entier par l'amitié qui l'unit à Oreste. Pour ce dernier, il est prêt à tout. Aucune considération morale, aucun scrupule ne le retiennent dès lors qu'il s'agit d'aider Oreste. Il accepte ainsi de seconder celui-ci dans sa tentative (vite abandonnée) d'enlever Hermione. Pylade est l'homme dévoué, sûr, fidèle, qui s'efforce d'épargner à Oreste les coups du sort les plus terribles. Toujours en vain.

4 Sources et originalité de l'œuvre

Quand Racine décide d'écrire *Andromaque*, il aborde un sujet connu depuis la plus haute Antiquité. Les principaux personnages de la pièce appartiennent en effet aux légendes du cycle de la guerre de Troie, que la littérature grecque et romaine avait largement évoquées. Racine en était trop imprégné pour ne pas s'en inspirer. Aussi est-il nécessaire d'analyser ses sources. Leur examen permettra de mieux apprécier la manière dont il les a utilisées, et de mesurer en définitive son originalité.

LES SOURCES LITTÉRAIRES

Racine est redevable de son sujet à deux auteurs grecs : Homère et Euripide, et à un auteur latin : Virgile.

Les sources grecques

Poète épique[1] du IXe siècle avant J.-C., Homère est le premier auteur à évoquer la guerre de Troie. Il l'a fait surtout dans l'*Iliade* (Ilion étant le nom grec de la ville de Troie). Son long poème raconte l'origine et le déroulement du conflit jusqu'à la mort d'Hector. Les événements postérieurs (tels que la chute de la ville, le triste sort des Troyens captifs) sont

---

1. « Épique » est l'adjectif correspondant au mot « épopée ». Une épopée est un long poème qui célèbre un héros ou un grand fait historique, et où la légende se mêle souvent aux faits authentiques.

en partie relatés dans une autre épopée[1] d'Homère : l'*Odyssée* (qui retrace les aventures d'Ulysse rentrant chez lui).

Mais d'autres auteurs ont décrit les mêmes épisodes. Plus importante que *La destruction d'Ilion* du poète Arctinos (VIIIe siècle avant J.-C.) est à cet égard l'*Andromaque* du dramaturge Euripide (vers 431 avant notre ère). En voici le résumé :

Andromaque, captive de Néoptolème (Pyrrhus), a eu de ce dernier un fils. Quelque temps après, Néoptolème (Pyrrhus) épouse Hermione, qui ne peut avoir d'enfant. Redoutant d'être répudiée en raison de sa stérilité, elle décide de tuer Andromaque et son fils. Néoptolème (Pyrrhus) l'apprend, et Hermione craint sa colère. Oreste apparaît alors pour aider Hermione, dont il est depuis toujours amoureux. Il lui propose de prendre les devants et d'assassiner lui-même Néoptolème (Pyrrhus). Ce qu'il fait. Un oracle annonce que le fils d'Andromaque deviendra un jour roi.

Les sources latines

Les auteurs latins avaient, eux aussi, parlé dans leurs œuvres de la guerre de Troie. Le philosophe et dramaturge Sénèque (premier siècle de notre ère) était l'auteur d'une tragédie intitulée *Les Troyennes*, mettant en scène les malheurs des habitantes de la cité. Mais c'est surtout le poète Virgile (premier siècle de notre ère) qui, dans son *Énéide*, fut le plus émouvant. Cette longue épopée décrit la fuite du Troyen Énée hors de Troie en flammes, portant sur son dos son vieux père Anchise ; après avoir erré sur les mers, Énée aborde enfin les rivages de l'Italie, où il s'installe. Si les aventures d'Énée en Italie ne concernent plus la guerre de Troie, il est plusieurs passages de l'*Énéide* qui y font, en revanche, directement allusion. Ainsi le troisième livre évoque le personnage d'Andromaque, exilée et captive à la cour de Pyrrhus, loin de sa patrie détruite et demeurant fidèle au souvenir d'Hector. C'est d'ailleurs ce passage de l'*Énéide* que Racine a reproduit dans ses première (1668) et seconde (1676) préfaces d'*Andromaque*, et qui figure depuis dans toutes les éditions françaises.

---

1. Voir p. 30, note 1.

L'ORIGINALITÉ DE L'ŒUVRE DE RACINE

Parler de l'originalité de l'*Andromaque* de Racine peut de prime abord surprendre. Une comparaison, même rapide, de la pièce avec celles qui l'ont précédée, avec les épopées d'Homère ou de Virgile, montre en effet que le dramaturge a, au contraire, beaucoup emprunté à ses prédécesseurs lointains ou immédiats.

Les emprunts

À Homère, Racine doit l'évocation des épisodes les plus sanglants de la guerre de Troie : les adieux d'Hector à sa femme (v. 1021 à 1026), l'allusion au cadavre d'Hector traîné derrière le char d'Achille autour des murailles de la ville (v. 993-994) et le récit de la chute de Troie (v. 997 à 1010), c'est-à-dire l'essentiel de la scène 8 de l'acte III. À l'*Andromaque* d'Euripide, Racine emprunte deux personnages (Hermione et Oreste), deux thèmes majeurs (la jalousie d'Hermione et l'amour absolu d'Oreste pour Hermione) et le dénouement de son œuvre : l'assassinat de Pyrrhus.

Racine imite également l'*Énéide* de Virgile en faisant d'Andromaque une « captive, toujours triste » (v. 301), une mère et une épouse. Si l'on ajoute qu'il prit quantité de détails à ses devanciers, son originalité peut sembler douteuse.

Les éléments nouveaux

Cette originalité existe pourtant. Elle se manifeste sur deux plans essentiels : dans les modifications de l'intrigue ; et dans une disposition nouvelle des éléments anciens de l'intrigue.

• Les modifications de l'intrigue

Elles portent sur trois points importants.

À l'inverse des légendes grecques qui faisaient périr Astyanax lors de la prise de la ville et contrairement à Euripide qui imaginait qu'Andromaque avait eu un fils de Pyrrhus, il maintient en vie le fils d'Andromaque et d'Hector. Cette présence d'Astyanax permet au dramaturge d'approfondir le drame que vit Andromaque, sommée en quelque sorte de choisir entre sa fidélité à son mari défunt et son amour maternel.

Ensuite, Racine invente l'ambassade d'Oreste et les exigences grecques dont il est porteur : la tragédie prend ainsi une évidente coloration politique.

Enfin, il imagine le suicide d'Hermione, incapable de survivre plus longtemps à Pyrrhus qu'elle n'a jamais cessé d'aimer (alors que selon certaines légendes, Hermione revint à Sparte avec Oreste, qu'elle finit par épouser).

- **Une nouvelle disposition des éléments anciens de l'intrigue**

C'est Pyrrhus qui, par ses hésitations, crée et provoque le déroulement de la tragédie. Tout s'ordonne autour de lui. Quand il s'éloigne d'Hermione, il suscite sa jalousie et il ouvre des espoirs inconsidérés à Oreste. Quand il s'éloigne en revanche d'Andromaque, ce n'est pas par indifférence, mais par colère de ne pouvoir la fléchir. Aussi n'hésite-t-il pas alors à renouveler son chantage. Quelle que soit son attitude, il accentue le tragique : ou il désespère Hermione qui, de dépit, ordonnera son assassinat ; ou il désespère Andromaque qui finira par imaginer le stratagème du mariage blanc[1] et son propre suicide. Dans les deux cas, il travaille à son propre malheur.

Les hésitations de Pyrrhus permettent en outre à Racine de révéler graduellement l'âme profonde de ses personnages : la fidélité émouvante de la veuve d'Hector ; l'amour exclusif, absolu, jusqu'à la déraison et l'illogisme, d'Hermione ; la fatalité qui pèse sur Oreste, éternelle victime de sa passion pour Hermione.

Le tragique naît ainsi des seuls mouvements du cœur. Si l'on excepte l'arrivée de l'ambassadeur Oreste qui précipite les événements (mais qui ne les crée pas, puisque Pyrrhus a déjà menacé Andromaque de faire tuer Astyanax), aucune pression de l'extérieur ne vient influer sur les passions souvent contradictoires qui animent les personnages. Seule leur évolution intérieure détermine la progression vers la catastrophe finale.

---

1. Un mariage blanc est un mariage officiellement contracté mais qui n'est pas consommé par les époux.

Là, réside la grande originalité de Racine. Comme il l'écrira lui-même dans la préface de *Britannicus* (1669), il faut privilégier « une action simple, chargée de peu de matière, telle que doit être une action qui se passe en un seul jour, et qui, s'avançant par degré [par étape] vers sa fin, n'est soutenue que par les intérêts, les sentiments et les passions des personnages »[1]. Il fallait pour cela, comme on l'a vu dans l'étude des personnages (p. 18), qu'Andromaque fût mère mais aussi épouse, et même qu'elle fût surtout épouse. Les passions apparaissent dès lors dans toute leur diversité : amour conjugal d'Andromaque pour Hector, amour maternel d'Andromaque pour Astyanax, amour-désir d'Hermione pour Pyrrhus, d'Oreste pour Hermione, de Pyrrhus pour Andromaque. Dans l'espace clos du palais de Pyrrhus, le choc de ces sentiments ne peut qu'être fatal[2].

---

1. Sur l'étude détaillée de l'action, voir pp. 58-59.
2. Sur l'étude du tragique, voir pp. 46 à 53.

5 La passion amoureuse

Le XVIIe siècle ne concevait pas de tragédie sans amour. Quand, par extraordinaire, celui-ci en était absent, les dramaturges[1] se sentaient obligés de s'en justifier, conscients qu'ils étaient de ne pas respecter une des constantes fondamentales du genre. Racine s'est fait une loi absolue de bâtir ses pièces, en partie ou en totalité, sur les ressorts et les violences de la passion amoureuse (sauf dans sa première œuvre, *La Thébaïde*).

Andromaque ne fait pas exception à la règle : l'amour y est le moteur essentiel de l'action. C'est un amour souvent impossible et frappé d'un interdit, qui s'affirme d'emblée irrationnel et irrésistible. Source de jalousie, il se transforme en une force toujours mortelle.

UN AMOUR SOUVENT IMPOSSIBLE ET INTERDIT

La passion racinienne est dans *Andromaque* toujours malheureuse. Elle l'est dans ses conséquences immédiates ; elle l'est surtout dans son principe même, qui la voue d'emblée à l'échec.

Concrètement, aucun des personnages ne voit son amour payé de retour. Une sorte de fatalité les pousse à s'attacher à qui les fuit ou qui leur est indifférent : Oreste aime Hermione qui aime Pyrrhus qui aime Andromaque qui aime Hector mort à la guerre. La solitude et le désespoir les guettent.

La loi du genre tragique exige certes qu'il en aille ainsi. Impliquant par définition malheur et catastrophe, la tragédie ignore les amours heureuses. Mais l'explication demeure insuffisante à propos du théâtre de Racine où (sauf dans

---

1. Voir p. 6, note 2.

Alexandre) l'amour apparaît comme frappé d'un interdit. Si personne ne parvient à se faire aimer, c'est que le choix de l'être aimé se heurte à un obstacle qui rend cet amour impossible.

Cet obstacle revêt, dans *Andromaque*, un triple aspect : psychologique, moral et politique.

Il est psychologique dans la mesure où l'amour ne se commande pas, où l'on ne peut pas s'obliger à aimer quelqu'un. Hermione estime les « mille vertus » (v. 535) d'Oreste dont la longue fidélité l'émeut. « Vous que j'ai plaint, enfin que je voudrais aimer » (v. 536), lui dit-elle. Le conditionnel présent (« je voudrais ») prend ici un sens impitoyable. Hermione ne peut pas, n'a jamais pu et ne pourra jamais aimer Oreste. Comment Hermione s'y contraindrait-elle ? Et comment Oreste qui n'a pas réussi à se faire aimer d'elle à Sparte y parviendrait-il à Buthrote ? Traumatisée, de son côté, par ce qu'elle a vécu lors de la chute de Troie, Andromaque conserve à jamais de Pyrrhus l'image d'un guerrier sanguinaire, « se faisant un passage » sur tous ses « frères morts », « et, de sang tout couvert, échauffant le carnage » (v. 1001-1002). Telle fut la première vision qu'Andromaque eut de Pyrrhus. Comment l'oublierait-elle ?

À cette impossibilité s'en ajoute une autre, d'ordre moral. Aimer Pyrrhus serait pour Andromaque une faute[1] qui équivaudrait à tuer une seconde fois Hector, à se rendre complice du bourreau de sa famille et de son peuple (v. 1075 à 1080). D'une certaine façon, ce serait également pour Hermione une faute d'aimer Oreste (si elle le pouvait) : princesse grecque, elle ne peut se marier sans l'accord du roi son père. Or comme elle le dit, non sans cruauté, au malheureux Oreste :

> L'amour ne règle pas le sort d'une princesse :
> La gloire d'obéir est tout ce qu'on nous laisse
>
> (v. 821-822).

L'obstacle est enfin de nature politique. L'enjeu de la pièce dépasse largement le bonheur ou le malheur d'un couple : il y va de la guerre ou de la paix. Pyrrhus sait qu'en épousant Andromaque il s'expose à une redoutable réaction des Grecs.

---

1. Cette faute est naturellement toute subjective, puisque aucune loi divine et humaine n'interdisait et n'interdit à une veuve de se remarier.

Andromaque est la seule femme qu'il ne doit pas, qu'il ne devrait pas aimer, parce qu'elle est la plus illustre des captives troyennes. Son amour, au regard de la stabilité de la région, devient un crime. Il engendrerait une nouvelle guerre de Troie, à front renversé, où les alliés d'hier (Pyrrhus et les Grecs) seraient ennemis, où les ennemis d'hier (Pyrrhus et les Troyens) seraient alliés. Son assassinat évitera d'en arriver à cette atrocité.

D'une manière ou d'une autre, l'amour s'avère ainsi impossible ou coupable.

UN ÉLAN IRRATIONNEL ET IRRÉSISTIBLE

On peut dès lors se demander pourquoi les personnages s'obstinent dans une passion dont ils savent plus ou moins confusément qu'elle les conduit dans une impasse. C'est que l'amour se présente comme un sentiment inexpliqué et inexplicable. Personne ne cherche jamais à analyser pourquoi il aime, ni quelles qualités il apprécie chez l'être aimé. « J'aime » (v. 99), constate Oreste, sans plus d'éclaircissement ; Pyrrhus cède à l'« ardeur » (v. 1293) qu'il éprouve pour Andromaque. Rien ne justifie la passion. Elle est à elle-même sa propre valeur et sa propre raison.

Aussi échappe-t-elle au discernement et au contrôle de la volonté. Oreste a, en vain, traîné « de mers en mers » (v. 44) pour oublier Hermione. Il a eu beau lutter, se raisonner, maudire les « rigueurs » de la jeune fille, rabaisser ses « attraits » (v. 55), s'exercer à la haïr : au fond de ses efforts, il découvrait qu'il continuait de l'aimer (v. 87-88). La résistance de Pyrrhus fut également longue. Celui-ci ne s'est pas rendu en un jour aux charmes d'Andromaque. « Je voulus m'obstiner à vous être fidèle » (v. 1294), dit-il à Hermione. Il a sincèrement cru que les « serments » qu'il lui faisait lui « tiendraient lieu d'amour » (v. 1296). La guerre dont le menacent les Grecs, pour le cas où il épouserait Andromaque, le décide bien à précipiter son mariage avec Hermione (II, 4). Mais sa passion pour Andromaque finit par l'emporter. Hermione n'est pas dans une situation très différente. Même quand elle prétend détester l'infidèle Pyrrhus, elle ne cesse en réalité de l'adorer.

■■■■ UNE FORCE TROMPEUSE

Défaite de la volonté, l'amour est aussi une défaite de la raison. Son effet le plus immédiat est d'induire sa victime en erreur. Les amoureux raciniens deviennent incapables de voir clair en eux-mêmes, d'adopter une conduite ferme et de s'y tenir. Au début de la pièce, Pyrrhus se trouve dans un tel état d'incertitude qu'il peut « épouser ce qu'il hait et punir ce qu'il aime » (v. 122). Quant à Oreste, il avoue qu'il se trompait lui-même (v. 37) quand il croyait ne plus aimer Hermione.

La passion, pour parvenir à ses fins, ruse en effet toujours avec la réalité. Elle sait se dissimuler sous d'autres sentiments. À la scène 5 de l'acte II, Pyrrhus se vante de triompher de son attirance pour Andromaque : il se félicite de sa « victoire » (v. 633), il jure de se détourner de l'« ingrate » (v. 685). Mais il se demande sans cesse si Andromaque ne sera pas « jalouse » de le voir épouser Hermione ; il souhaite aller la retrouver au plus tôt, officiellement pour la « braver » (v. 677), pour lui dire sa « colère » (v. 675), en réalité pour demeurer près d'elle le plus longtemps possible ; et la présence d'Andromaque remettra tout en question (III, 6 et 7). L'attitude de Pyrrhus était davantage celle d'un amoureux blessé que celle d'un ennemi.

De même, les oscillations de la haine à l'amour ne sont, chez Hermione, que d'apparentes contradictions. Haïr, c'est encore se préoccuper de l'autre, lui vouer un sentiment violent, exclusif. C'est toujours vivre en pensée avec lui. On ne hait pas celui (ou celle) qui vous est indifférent. Quand la blessure est trop forte, l'amour, loin de disparaître, se cache à la raison révoltée sous la haine. C'est pourquoi les personnages passent si facilement d'un état à l'autre. Comme deux faces d'une même réalité, la haine n'est qu'une autre forme, tout aussi passionnée, de l'amour. Le drame d'Oreste est de l'ignorer, de ne pas comprendre qu'Hermione ne hait tant Pyrrhus que parce qu'elle l'a aimé et qu'elle l'aime encore. Oreste n'aurait pas dû obéir à une « amante insensée » (v. 1545). Comme le lui reprochera cruellement Hermione :

> Et ne voyais-tu pas, dans mes emportements,
> Que mon cœur démentait ma bouche à tous moments ?
>
> (v. 1547 et 1548).

AMOUR ET JALOUSIE

Déçus dans leur attente, désespérés de se voir préférer un rival (ou une rivale), les amoureux raciniens succombent très vite à leur jalousie.

Que leur passion ne soit pas payée de retour leur apparaît comme une humiliation, surtout quand ils sont délaissés pour un autre qui leur est socialement inférieur. Bien qu'Andromaque appartienne à la famille royale de Troie, elle n'est désormais qu'une « captive » que la défaite de son pays a déchue de son rang. Hermione, princesse grecque, fille du roi Ménélas, l'un des chefs victorieux de la coalition, ne peut supporter que Pyrrhus l'abandonne pour une prisonnière. L'infidélité se double, dans ce cas précis, d'un affront ; et sa jalousie se nourrit, pour une part, d'une réaction d'orgueil blessé. Elle s'appuie aussi sur une douloureuse capacité à imaginer le bonheur que l'autre connaît ailleurs, et dont le jaloux se sent exclu. Avec quelle amère acuité Hermione se représente la joie de Pyrrhus auprès d'Andromaque ! Comme si elle assistait à leurs rencontres, elle se les figure en train de se moquer d'elle :

> Vous veniez de mon front observer la pâleur
> Pour aller dans ses bras rire de ma douleur[1].
>
> (v. 1327-1328).

Cette capacité, presque cette complaisance à évoquer le bonheur de ceux qui s'aiment quand, eux, ne sont pas aimés, conduisent les personnages à se torturer eux-mêmes. Ils examinent dans de longs monologues toutes les raisons qu'ils ont de souffrir. Hermione se souvient, par exemple, de la manière dont Pyrrhus l'a « congédiée », des moindres réactions de celui-ci (V, 1) ; Oreste, quant à lui, ne revient sur son passé que pour se repentir de son crime, que pour s'attarder sur l'ingratitude d'Hermione à son égard (V, 4). Les affres de la jalousie transforment chacun en son propre bourreau.

Impitoyables pour soi, les amoureux négligés le deviennent alors pour l'être qu'ils aiment. En proie à une sombre fureur, ils veulent faire souffrir autant qu'ils souffrent. Comme l'écrira La Bruyère : « L'on veut faire tout le bonheur, ou si cela ne

---

1. Voir aussi les vers 393 à 400.

se peut, tout le malheur de ce qu'on aime. »[1] C'est que pour vaincre l'indifférence ou le mépris de l'autre, tous les moyens sont bons. Il s'agit souvent de moyens de pression, et même de chantage. Jaloux d'Hector, Pyrrhus n'hésite pas à menacer Andromaque de tuer son fils si elle ne consent pas à l'épouser. On peut évidemment objecter que ce n'est pas la meilleure façon de se faire aimer ! Mais qu'importe ! Ce chantage est révélateur de la nature profonde de la passion racinienne, qui est un désir de possession fondamentalement égoïste. Peu importe que l'être aimé vous haïsse, du moment qu'il cède, qu'il vous appartient.

Chez Hermione, la jalousie provoque un violent désir de vengeance, quand elle est définitivement certaine d'être abandonnée de Pyrrhus. Elle ordonne à Oreste d'aller assassiner l'infidèle qui, suprême raffinement, doit apprendre avant de mourir d'où vient le coup :

> Ma vengeance est perdue
> S'il ignore en mourant que c'est moi qui le tue.
>
> (v. 1269-1270).

Comme Oreste hésite, Hermione se complaît alors dans le rêve de frapper elle-même Pyrrhus :

> Quel plaisir de venger moi-même mon injure,
> De retirer mon bras teint du sang du parjure.
>
> (v. 1261-1262).

Un délire sanguinaire la saisit. Quelle que soit la forme qu'elle revêt, la jalousie est donc supplice : psychologiquement, de soi ; physiquement, d'autrui.

■■■■■ UNE FORCE MORTELLE

On comprend, dans ces conditions, que l'amour soit une puissance mortelle. Jamais réciproque, toujours irrationnel, sans cesse douloureux, il incite les personnages à agir sur une impulsion irraisonnée, qu'ils regretteront peut-être l'instant d'après, mais à laquelle ils succombent sur le moment. Le sort de Pyrrhus dépend ainsi des réactions soudaines et irréfléchies d'Hermione. La voici qui, à l'acte V, ordonne

---

1. La Bruyère, *Caractères*, « Du cœur », 39 (1689).

l'exécution de Pyrrhus ; mais à peine Oreste est-il parti accomplir sa sinistre mission qu'elle se repent et qu'elle se reprend. Trop tard ! Elle n'aura plus le temps matériel de joindre Oreste et de révoquer son ordre meurtrier. Partagée entre la haine et l'amour, obéissant tantôt au premier de ces sentiments, tantôt au second, Hermione, parce qu'elle aime, devient incohérente. C'est pourquoi elle accable Oreste de ses reproches après qu'il a tué Pyrrhus :

> Pourquoi l'assassiner ? Qu'a-t-il fait ? À quel titre ?
> Qui te l'a dit ?
>
> (v. 1542-1543).

Hermione est certes oublieuse, illogique ; mais elle ne ment pas et elle n'est pas hypocrite. Elle est aussi sincère dans son désespoir d'avoir irrémédiablement perdu Pyrrhus qu'elle l'était dans son désir de vengeance. Mais sa sincérité connaît des vérités successives. Hermione amoureuse ne s'identifie plus à la femme vengeresse qu'elle a été. Par amour, elle réagit d'instinct et contradictoirement. Le résultat est tragique.

Fatale, la passion l'est enfin en ce sens qu'elle ne mène jamais au bonheur. Un bilan dramatique s'impose au dénouement : Pyrrhus mort, Hermione se suicide par désespoir amoureux ; Oreste perd la raison (la folie étant ici l'équivalent symbolique, psychique, de la mort). Quant à Andromaque, si elle demeure en vie, elle continuera de porter le deuil d'Hector. Chez Racine, il n'y a pas d'amour heureux. *Andromaque*, comme tout le théâtre racinien, repose sur une conception radicalement pessimiste de la passion.

6 La politique dans Andromaque

De même que le XVIIe siècle ne concevait pas de tragédie sans amour, de même il n'en imaginait pas sans politique. Il y fallait, comme l'on disait alors, la présence de « quelque grand intérêt d'État ». De là vient que les personnages de la tragédie exercent directement le pouvoir ou appartiennent à des familles (royales ou impériales) qui détiennent l'autorité. À travers eux se joue le destin des peuples qu'ils gouvernent et qu'ils incarnent.

On ne saurait donc, malgré la pitié que l'on éprouve pour les malheurs sentimentaux d'Hermione, d'Oreste ou de Pyrrhus, oublier l'intrigue politique d'*Andromaque*. L'action de la pièce se situe en effet dans un contexte politique troublé, qui prépare pour l'Épire un avenir inquiétant. La compréhension de ce contexte éclairera davantage les ravages que peut produire la passion amoureuse.

UN CONTEXTE POLITIQUE TROUBLÉ

L'action d'*Andromaque* se place dans un moment historique très particulier : c'est celui d'un après-guerre, qui risque fort de devenir un entre-deux-guerres.

Un climat d'après-guerre

Pyrrhus et ses alliés ont triomphé de Troie. Depuis « un an » (v. 206), la paix est revenue. Mais, passée l'allégresse de la victoire, le climat n'est plus à l'euphorie. Avec le recul, les Grecs mesurent le coût humain de leur victoire qui leur paraît de plus en plus amère. Presque chaque famille pleure un « père » ou un « époux » (v. 160). La méfiance s'est par ailleurs installée entre les vainqueurs qui, unis dans la guerre, ne le sont plus dans la paix. C'est pour éviter que cette méfiance ne s'amplifie que Sparte et l'Épire ont décidé du mariage d'Hermione et de Pyrrhus (v. 1283 à 1288). Ce mariage, croyait-on, scellerait définitivement et durablement l'entente des deux peuples. Les hésitations de Pyrrhus, entretemps tombé amoureux d'Andromaque, accroissent l'inquiétude des Grecs. Pyrrhus ne leur semble plus un allié sûr. Cette atmosphère de désillusion générale n'est guère propice à une vraie détente. Même si l'ambassade d'Oreste auprès de Pyrrhus s'inscrit dans le cadre normal de la diplomatie, cet ambassadeur n'en est pas moins porteur d'un ultimatum[1]. Preuve, si besoin en était, du climat de tension qui existe.

Un entre-deux-guerres

Cet ultimatum (le choix entre la mort d'Astyanax et la guerre) ouvre la perspective d'un nouveau conflit qui, à mesure que la pièce se déroule, s'avère de plus en plus probable. Le refus de Pyrrhus de livrer Astyanax aux Grecs provoque une rupture d'alliance entre l'Épire et la Grèce. Pour n'être pas encore en guerre, les deux pays en sont déjà au bord. Autant par orgueil que par amour pour Andromaque, Pyrrhus avoue en effet « consentir avec joie » (v. 229) à l'affrontement dont, au nom de la Grèce, Oreste le menace.

Cette rupture entraîne en outre un progressif renversement d'alliances, qui conduit Pyrrhus à embrasser la cause des Troyens (dont il a été naguère le vainqueur). Étape après étape, il s'érige en défenseur déclaré des Troyens. Il propose d'abord à Andromaque de sauver Astyanax (v. 288), puis de « punir les Grecs » (v. 328) et de rebâtir Troie (v. 330), enfin de rétablir Astyanax sur le trône de ses ancêtres (v. 331-332). Ses paroles (rapportées par Oreste), lors de son mariage, confirment et solennisent sa nouvelle politique. Il prend les dieux à témoins que tous les ennemis d'Astyanax (dont les Grecs) seront désormais les siens, et il reconnaît officiellement l'enfant pour le seul « roi des Troyens » (v. 1511-1512). Le cadre religieux (le « temple ») dans lequel il tient ce discours, l'invocation à la divinité, la présence, dans l'assistance, des Grands du royaume et d'Oreste, tout confère à ses propos une valeur exceptionnelle. Pyrrhus

---
1. Un ultimatum est une sommation, une exigence impérative.

trahit les Grecs, ses anciens alliés. La guerre apparaît, tôt ou tard, inévitable.

L'ironie de l'histoire veut que cette guerre, probable, n'éclatera pas pour cette raison-là. L'assassinat de Pyrrhus lui donne un motif plus immédiat et plus pressant. Alors que les Grecs pouvaient légitimement accuser Pyrrhus de trahison, c'est, à la fin de la pièce, l'Épire qui peut à bon droit accuser les Grecs d'avoir les premiers déclenché les hostilités, puisque leur ambassadeur a organisé l'attentat. À la dernière scène, Oreste et sa suite sont traqués, obligés de fuir clandestinement. C'est la préfiguration du conflit. La paix consécutive à la chute de Troie n'aura pas duré longtemps.

■■■■■ UN AVENIR INCERTAIN ET INQUIÉTANT

Si le meurtre de Pyrrhus provoque une crise que l'on qualifierait aujourd'hui d'internationale, il assombrit également, sur le plan intérieur, l'avenir de l'Épire. On ne peut certes écrire un au-delà de la pièce, mais on peut, à tout le moins, s'interroger sur le devenir du royaume de Pyrrhus. Qui lui succédera, puisque Pyrrhus est mort sans héritier naturel ? Combien de temps l'Épire acceptera-t-elle pour reine Andromaque, une Troyenne ? Pourra-t-elle même vraiment régner ? Quel sera le sort d'Astyanax ? Faut-il penser que, prince déchu de Troie, il deviendra, par un étonnant paradoxe, roi de ses anciens ennemis, qu'il retrouvera son rang en montant un jour sur le trône de Pyrrhus ? À ces questions, la pièce ne répond pas. Elles n'en sont pas moins contenues dans le dénouement lui-même. Avec la disparition brutale de Pyrrhus, c'est l'avenir de l'Épire qui se trouve mis en cause, ainsi que la destinée de chacun. L'avenir politique, immédiat et à moyen terme, est des plus angoissants qui soient.

■■■■■ AMOUR ET POLITIQUE

Cette crise politique provient pour l'essentiel du drame passionnel que vivent les protagonistes de la pièce. Pyrrhus manifesterait sans doute suffisamment d'orgueil et d'esprit d'indépendance pour refuser de livrer Astyanax aux Grecs, même s'il n'aimait pas Andromaque. Connaissant et regrettant sa cruauté passée (voir p. 20), sans doute ne voudrait-il pas l'aggraver par un geste barbare, d'autant moins justifiable qu'il s'accomplirait à froid, et non plus dans les fureurs du combat. Mais c'est surtout par égard pour Andromaque qu'il protège Astyanax : comment Pyrrhus nourrirait-il l'espoir d'épouser Andromaque s'il devenait complice de l'exécution de l'enfant ? L'amour influe donc sur ses décisions strictement politiques. Si l'après-guerre se change très vite en un entre-deux-guerres, c'est parce que Hermione, jalouse d'Andromaque, a informé les Grecs et son père de l'existence d'Astyanax. De là l'émotion, la méfiance des Grecs, et l'ambassade d'Oreste. Si celui-ci assassine Pyrrhus, c'est pour des considérations purement affectives, par obéissance à Hermione. Le régicide[1] en effet l'épouvante. Mais la promesse que lui a faite Hermione de l'épouser (« Allez : en cet état soyez sûr de mon cœur », v. 1231), et qu'elle ne tiendra pas, finit par le convaincre d'agir.

Même si le meurtre de Pyrrhus relève ainsi de la catégorie du crime passionnel, il n'en possède pas moins de très graves répercussions politiques. Pyrrhus était à l'évidence infidèle à sa promesse d'épouser Hermione, mais il était aussi roi d'Épire. En se vengeant d'un ingrat, Hermione plonge l'Épire dans une situation incertaine et inquiétante.

C'est par amour, enfin, que Pyrrhus opère un renversement d'alliances. Il lui faut prouver sa sincérité à Andromaque, lui montrer qu'il est prêt à tout pour elle. Quel meilleur moyen que de défendre désormais la cause de Troie, que de réparer les malheurs dont il s'est rendu responsable durant la guerre ?

La crise politique qui éclate dans *Andromaque* ne constitue donc pas un aspect négligeable de la pièce, ni une simple concession aux lois de la tragédie classique. Elle découle logiquement du drame passionnel qui dresse les personnages les uns contre les autres. Elle témoigne des égarements auxquels la passion peut conduire, puisque ce ne sont pas seulement le sort des amoureux qui est en jeu, mais également celui de chacun et de tous. L'amour et la politique sont en réalité indissociables.

---

1. Voir p. 15, note 1.

7 Le tragique

Il ne suffit pas qu'une pièce soit appelée « tragédie » par son auteur pour être tragique. Contrairement à une opinon trop souvent répandue, une tragédie n'est pas davantage tragique parce qu'elle s'achève sur la mort d'un ou plusieurs personnages : « Ce n'est point une nécessité, écrit Racine dans la préface de *Bérénice* (1670), qu'il y ait du sang et des morts dans une tragédie : il suffit que l'action en soit grande, que les acteurs en soient héroïques, que les passions y soient excitées, et que tout s'y ressente de cette tristesse majestueuse [c'est-à-dire d'une extrême inquiétude] qui fait tout le plaisir de la tragédie. » Les morts violentes découlent du tragique, elles n'en sont pas créatrices. Le tragique s'identifie pour l'essentiel au sentiment de pitié et de terreur que la tragédie engendre dans l'esprit du spectateur.

Dans *Andromaque*, sont présents en permanence un destin hostile et une atmosphère de désolation qui se doublent d'une destruction complète des valeurs morales. De là naît la puissance pathétique[1] qui se dégage de la pièce, ainsi que sa valeur purificatrice.

UN DESTIN HOSTILE

Comme le remarquait déjà Péguy, « tout est adversaire, tout est ennemi aux personnages de Racine : les hommes et les dieux ; leur maîtresse, leur amant, leur propre cœur »[2]. Un sourd et sombre destin commande en effet l'action d'*Andromaque.* Il se présente sous deux formes distinctes, mais inséparables : la malédiction divine et la fatalité de la passion.

---

1. Le pathétique est l'expression de tout ce qui provoque une émotion vive et pénible.
2. Ch. Péguy, *Victor-Marie, comte Hugo,* Gallimard, 1910.

Une malédiction divine

Renouant avec l'essence de la fatalité antique qui transformait les personnages de la tragédie en des êtres maudits depuis toute éternité, Racine campe des héros condamnés à l'avance parce qu'ils sont haïs des dieux. Oreste en est l'exemple le plus spectaculaire. Dès la première scène, il se sait vaincu et impuissant, malgré toutes ses tentatives pour oublier Hermione :

> Puisqu'après tant d'efforts ma résistance est vaine,
> Je me livre en aveugle au destin qui m'entraîne.
> (v. 97-98).

Le mot « malheur », ou l'un de ses dérivés, lui est systématiquement associé. Lui-même l'emploie : « Évite un malheureux, abandonne un coupable » (v. 782), dit-il à son ami Pylade. Hermione constate de son côté que le « malheur » le « suit » partout (v. 1556). S'adressant au « ciel », il s'écrie enfin après qu'il a tué Pyrrhus et qu'Hermione le chasse :

> J'étais né pour servir d'exemple à ta colère,
> Pour être du malheur un modèle accompli.
> (v. 1618-1619).

On ne peut mieux traduire la terrible prédestination[1] qui pèse sur lui. Pour quelles raisons ? Pour l'expiation de quelle faute ?

La fatalité qui l'écrase, dont il a pleinement conscience, dépasse en réalité sa personne. Au regard des légendes grecques dont Racine s'inspire (voir p. 30), on ne s'appelle pas impunément Oreste. Son nom est en soi synonyme de malédiction. Fils d'Agamemnon, Oreste appartient à la race maudite des Atrides, la famille tragique par excellence du théâtre grec, sur qui s'acharne, de génération en génération, la colère des dieux[2]. Aussi sa souffrance apparaît-elle d'autant

---

1. La prédestination, religieuse ou non, détermine les événements à l'avance, de sorte que l'homme n'a plus qu'à les subir.
2. Roi légendaire de la ville grecque de Mycènes, Atrée, fondateur de la famille des Atrides, tua deux fils de son frère Thyeste. Ensuite il les fit dévorer par Thyeste lui-même lors d'un festin. Les dieux indignés décidèrent de poursuivre de leur vengeance Atrée et toute sa descendance. On compte parmi celle-ci Agamemnon, Ménélas, Oreste, Égisthe..., tous personnages que les dramaturges grecs, Eschyle et Sophocle, campèrent dans leurs œuvres.

plus injuste qu'il n'en est pas directement responsable. Voué au « malheur », son état n'en est que plus tragique.

C'est pourquoi, devenu meurtrier de Pyrrhus, Oreste peut remercier le « ciel », le louer de sa « persévérance » (v. 1614), déclarer : « Hé bien ! je meurs content, et mon sort est rempli » (v. 1620). Réaction de prime abord étrange, incompréhensible, qui s'explique cependant par la malédiction qui s'abat sur lui. Avant qu'il assassine Pyrrhus, celle-ci était injuste ; après l'assassinat, elle se justifie en quelque sorte, puisque Oreste paie enfin pour un acte qu'il a vraiment et personnellement commis. Il y a dans ses propos une désespérance rageuse, par laquelle il assume l'ancestrale malédiction de sa famille.

Il n'est pas seul dans ce cas. Fille de Ménélas, Hermione elle-même est une descendante des Atrides ; et elle a pour mère Hélène dont l'amour adultère pour Pâris a causé la guerre de Troie[1]. Elle aussi, même si elle en a une conscience moins vive qu'Oreste, sème le malheur : sa jalousie aboutit à la mort de Pyrrhus ; ses inconséquences passionnelles rendent Oreste fou ; et elle finit par se suicider.

La fatalité de la passion

À l'hostilité externe du destin se superpose la fatalité interne de la passion. L'amour, comme on l'a vu (p. 37), est une puissance absolue, contre laquelle il est vain de lutter. Tous essaient pourtant de résister : Oreste en allant chercher l'oubli et la mort ; Pyrrhus en s'efforçant d'aimer Hermione ; Hermione en espérant jusqu'au dernier moment que Pyrrhus lui reviendra. Porté par un élan qui supprime sa liberté réelle, chacun se débat comme s'il était libre de modifier son comportement. Ce combat des personnages contre eux-mêmes (voir p. 37) renforce le tragique, car le spectateur devine avant eux l'inanité de leur tentative. Même au plus fort de son court bonheur, Pyrrhus pressent qu'il n'a pas librement décidé de son mariage avec Andromaque :

> L'un par l'autre entraînés, nous courons à l'autel
> Nous jurer malgré nous un amour immortel.
>
> (v. 1299-1300).

---

1. Voir p. 9.

Ainsi les personnages sont-ils à la fois des victimes innocentes du destin et les artisans de leurs propres maux.

▰▰▰▰ UNE ATMOSPHÈRE DE DÉSOLATION

Bien que la guerre de Troie soit achevée, celle-ci demeure constamment présente à l'esprit des personnages. Depuis l'incendie nocturne (v. 997-1000) qui vit la chute définitive de Troie, tout — les objets, les êtres, vainqueurs comme vaincus — paraît marqué par la cendre et la nuit, par le sang et le sacrifice.

La cendre et la nuit

Le thème de la cendre revient fréquemment. Tantôt c'est à propos des ruines de Troie : « Je ne vois que des tours que la cendre a couvertes » (v. 201), réplique Pyrrhus à Oreste ; et il dit ailleurs à Andromaque : « Votre Ilion encor peut sortir de sa cendre » (v. 330). Tantôt c'est pour revêtir un sens plus abstrait et désigner la mort et le tombeau d'Hector[1] : « Est-ce là cette ardeur tant promise à sa cendre ? » (v. 1081), s'interroge Andromaque quand elle repousse l'idée (suggérée par Céphise) d'épouser Pyrrhus. Dans les deux cas, la cendre reste liée à un passé tragique qui continue de hanter les mémoires.

Le thème de la nuit possède, lui aussi, une double valeur. Dans le souvenir d'Andromaque, il s'identifie à la « nuit cruelle » (v. 997), à la « nuit éternelle » (v. 998) de la chute de Troie. Symboliquement, il qualifie la folie : en proie à la démence, Oreste aperçoit les Furies[2] de l'enfer prêtes à l'enlever dans une « éternelle nuit » (v. 1640). Une immense affliction plane ainsi sur la pièce et la colore d'une teinte grise et funèbre.

---

1. Voir p. 14, note 1.
2. Dans la mythologie grecque, les Furies (encore appelées les Érinnyes ou les Euménides) sont les déesses infernales de la vengeance et de la justice, s'acharnant contre les meurtriers, les fouettant ou les faisant mordre par des serpents.

Le sang et le sacrifice

Le « sang » établit par comparaison un fort contraste. Tragédie de la défaite, *Andromaque* est aussi une tragédie du sacrifice humain qui, malgré le carcan que les bienséances imposaient à sa représentation sur scène[1], apparaît dans toute sa terrible crudité. Hermione demande à Oreste de tuer Pyrrhus et de revenir « tout couvert du sang de l'infidèle » (v. 1230). Elle-même envisage d'égorger Pyrrhus puis de retourner contre soi ses « sanglantes mains » (v. 1245), c'est-à-dire de se suicider. Oreste décrit les derniers sursauts de Pyrrhus environné de ses meurtriers :

> Je l'ai vu de leurs mains quelque temps se débattre,
> Tout sanglant à leurs coups vouloir se dérober.
>
> (v. 1518-1519).

À la barbarie de la scène et du propos font écho les nombreuses allusions aux cruautés de la guerre. Pyrrhus en personne concède à Andromaque que Troie « cent fois de votre sang a vu ma main rougie » (v. 314).

Andromaque est un chant mortuaire en rouge et noir, où se concentre en définitive toute la violence tragique : le sacrifice, exigé, d'un enfant innocent (Astyanax), l'assassinat, le suicide, la folie. Comment ne serait-on pas pris de terreur ?

▬▬▬ LA DESTRUCTION DES VALEURS MORALES

La guerre de Troie, les égarements de la passion ne provoquent pas seulement le malheur des individus et des peuples. Ils renversent aussi tout idéal, toute forme de justice, de vertu ou de générosité. En ce sens, *Andromaque* est une œuvre de démythification[2] et de désillusion.

---

1. Voir p. 59-60.
2. On appelle démythification tout ce qui vise à montrer que ce à quoi on a cru, on a adhéré, n'est qu'une illusion, un mythe.

La remise en cause de la gloire et de l'héroïsme militaires

La pièce révèle l'envers de l'idéal aristocratique de la bravoure qui, tant dans l'Antiquité qu'au XVIIe siècle, était considérée comme la première des valeurs morales. Était admiré, célébré, honoré à l'égal d'un dieu, celui qui remportait une éclatante victoire militaire. Corneille a bâti une grande partie de son théâtre sur l'héroïsme de ses personnages. Rien de tel ne se produit dans *Andromaque*. L'après-guerre[1] dévoile dans toute son ampleur les atrocités de la guerre. Pyrrhus, pourtant l'un des « héros » du conflit, découvre avec le recul sa propre cruauté : « Je souffre tous les maux que j'ai faits devant Troie » (v. 318). Son héroïsme passé lui semble désormais suspect, condamnable. Pyrrhus n'est plus très fier de ce qu'il a accompli. Racine ravale le héros au rang de tueur.

La fin du mythe de l'amour

Depuis le Moyen Âge, une bonne partie de la littérature française véhiculait une conception généreuse et embellie, de l'amour. Même si on admettait qu'il pouvait mener à des catastrophes (jalousie, crime passionnel), l'amour était présenté comme un absolu. Dans *Andromaque*, il n'engendre que l'horreur et la solitude[2]. Ne voyons pas un simple jeu de mots (qui serait alors d'un goût douteux) dans ces propos de Pyrrhus à Andromaque :

> Vaincu, chargé de fers, de regrets consumé,
> Brûlé de plus de feux que je n'en allumai...
>
> (v. 319-320).

Dans ces deux vers, « fers » appartient certes au vocabulaire militaire (les chaînes des prisonniers) et à la langue amoureuse pour désigner l'attachement de l'amant à sa dame ; de même « feux » désigne la passion amoureuse et l'incendie de Troie. On pourrait donc ne pas apprécier que Pyrrhus compare ses souffrances sentimentales aux violences meurtrières de la guerre, si tel était le sens de ses propos.

---

1. Voir pp. 42-43.
2. Voir pp. 44-45.

En réalité, Pyrrhus énonce une vérité plus atroce. La guerre comme l'amour révèle la fureur des êtres qui ne sont qu'agressivité, dans les conflits politiques ou privés. L'amour, vu ses conséquences tragiques[1], n'élève pas les hommes : il les plonge dans une misère profonde. Comme l'exploit guerrier, il n'est qu'une forme de barbarie et de cruauté.

Les conséquences d'une passion devenue folle

Par aveuglement passionnel, les personnages négligent en outre bien d'autres valeurs morales. Oreste trahit ses devoirs d'ambassadeur et se désintéresse de sa mission (v. 766 à 770). Pyrrhus est parjure dans la mesure où il ne tient pas la promesse qu'il a naguère faite d'épouser Hermione. Celle-ci s'érige (au nom de quel droit ?) en souveraine absolue de la vie de Pyrrhus. De l'ultimatum d'Oreste à Pyrrhus au chantage de Pyrrhus sur Andromaque, il n'est aucun moyen qui ne soit jugé indigne. Tous sont bons, même les plus bas, pour parvenir à ses fins.

Comme la mise en cause de l'héroïsme militaire, assimilé à une tuerie, engendre une régression de la civilisation, la passion amoureuse provoque la disparition de toute forme de justice.

■■■■■ UNE PUISSANCE PATHÉTIQUE

Victimes du destin, les personnages n'ont pas décidé de ce qui leur arrive. Tous aspiraient au bonheur et le bonheur leur échappe. C'est pourquoi ils deviennent pathétiques, c'est-à-dire qu'ils suscitent l'émotion du spectateur.

Andromaque est en effet une mère touchante. Vouée au veuvage éternel, elle défend comme elle peut l'avenir de son fils. Traumatisée par la chute de Troie, elle renonce sincèrement aux grandeurs politiques, au prestige de la gloire, dont elle connaît désormais le prix, pour souhaiter une retraite paisible où élever Astyanax en toute tranquillité[2]. Son projet

---

1. Voir pp. 44-45.
2. Voir, par exemple, les vers 333 à 340 et 875 à 878.

de se suicider sitôt après la cérémonie religieuse du mariage afin de demeurer à jamais fidèle à Hector ne peut qu'inspirer la pitié.

Hermione elle-même, la jalouse, la vengeresse, est moins cruelle que malheureuse. Elle aussi est broyée par des événements qui la dépassent. Son amour pour Pyrrhus ne fut à l'origine que fraîcheur, innocence et rêve :

> Ce prince, dont mon cœur se faisait autrefois
> Avec tant de plaisir redire les exploits,
> À qui même en secret je m'étais destinée...
>
> (v. 1423-1425).

La dernière séquence du drame est particulièrement pitoyable : Hermione se poignarde sur le corps même de Pyrrhus pour « tomber » (v. 1612) à ses côtés et pour, enfin, s'unir à lui dans la mort. Qui pourrait lui refuser la moindre compassion ?

Quant à Pyrrhus, il n'est pas non plus sans excuse. Il a été fiancé à Hermione sans avoir été vraiment consulté :

> Nous fûmes sans amour engagés l'un à l'autre ;
> Mais c'est assez pour moi que je me sois soumis.
> Par mes ambassadeurs mon cœur vous fut promis.
>
> (v. 1286 à 1288).

Il a loyalement essayé de tenir ses promesses. Mais Andromaque le bouleverse. Comment ne pas comprendre cette passion ? Guerrier sanguinaire, déplorant sa cruauté, il contemple en Andromaque sa victime la plus illustre. Son amour s'alimente à un double désir : physique et consolateur.

Comme l'écrit Racine dans la première préface (1668) de sa pièce, ses personnages ont « une bonté médiocre »[1], c'est-à-dire une vertu capable de faiblesse, et « ils tombent dans le malheur par quelque faute qui les [fait] plaindre sans les faire détester ».

---

[1]. « Médiocre » possède ici son sens étymologique latin de « moyen », « moyenne ».

UNE VERTU PURIFICATRICE

Selon Aristote, la tragédie remplissait une fonction morale, qu'il définissait sous le nom de *catharsis* et que le XVIIe siècle appelait la « purgation des passions ». Le spectateur était censé se purifier de ses tentations en voyant à quelle catastrophe elles aboutissent sur scène.

À l'exception d'Andromaque, incarnation de la fidélité conjugale, tous les personnages expient en effet leurs fautes et l'aveuglement auxquels les a conduits leur passion. Oreste néglige ses devoirs d'ambassadeur. Pyrrhus oublie ses engagements (politiques et sentimentaux) antérieurs. Hermione s'adonne sans réserve ni réflexion à la vengeance. Tous paient très cher leur conduite. Sur les quatre personnages principaux de la pièce, deux meurent (Hermione et Pyrrhus), cependant qu'Oreste s'enfonce dans la folie et la solitude. La leçon est claire. Œuvre fondamentalement pessimiste, *Andromaque* illustre les ravages de la passion, de toute passion.

8 La dramaturgie

On appelle dramaturgie l'ensemble des procédés qu'utilise un auteur pour construire une pièce de théâtre. Au XVIIe siècle, ces procédés étaient qualifiés de « règles » ; de nombreux théoriciens du théâtre (tels que Boileau dans son *Art poétique*) rappelaient sans cesse ces « règles » auxquelles la tragédie devait se plier et qui, pour l'essentiel, remontaient à Aristote[1]. Comme leur nombre interdit de les détailler toutes, on se limitera à l'examen des plus importantes : les unités de temps, de lieu, d'action et enfin les bienséances.

Pour bien comprendre la portée et la fonction de ces règles, il importe toutefois de préciser, au préalable, ce qui les justifiait et à quoi elles servaient.

■ LA DOCTRINE DE L'IMITATION

Ne voyons pas en effet dans ces règles l'expression d'une mode ou d'une bizarrerie de l'époque qui auraient contraint les dramaturges à les observer. Elles découlaient logiquement de l'idée que l'on se faisait de la tragédie, alors conçue comme « l'imitation d'une action ». Autrement dit, la tragédie devait être vraisemblable et offrir au spectateur l'illusion qu'il n'assistait pas à la représentation d'une œuvre de fiction, mais au déroulement sur scène d'une action que l'autorité de la légende ou de l'histoire prétendait véridique.

Cette vraisemblance s'exerçait dans deux directions : le dramaturge ne pouvait pas (ou pas trop) modifier les données

---

[1]. Ce philosophe grec avait exposé dans cet ouvrage les principales lois de la tragédie. Comme le XVIIe siècle tenait la tragédie grecque pour un modèle presque inégalable, les dramaturges respectaient les règles édictées par Aristote.

essentielles de ses sources ; et rien, jusque dans la composition et la structure de la tragédie, ne devait choquer le spectateur. Les règles concouraient donc à faire naître un certain plaisir : celui de se croire le témoin privilégié d'une aventure tragique. Si leur respect ne procura jamais du génie, les auteurs de génie, comme Racine, surent les utiliser pour donner plus de force et de pathétique à leurs œuvres.

LE TEMPS

En conséquence de cette théorie de l'imitation, les dramaturges s'efforçaient de rapprocher les deux temps inhérents à toute représentation théâtrale : la durée objective du spectacle (trois heures à trois heures et demie environ pour une tragédie) et la durée supposée de l'action. Dans l'idéal, ces deux durées auraient dû coïncider. Mais comme c'était rarement réalisable, on avait fini par admettre que la longueur de l'action représentée ne devait pas excéder vingt-quatre heures. Au-delà, pensait-on, se produisait entre temps réel et temps fictif un trop grand décalage, préjudiciable à la vraisemblance. Le spectateur ne comprendrait pas qu'en trois heures de spectacle on lui présente des événements censés se dérouler sur deux ou plusieurs jours.

Cette unité de temps, Racine l'observe scrupuleusement dans *Andromaque*. L'arrivée d'Oreste à Buthrote (I, 1), son entrevue en tant qu'ambassadeur avec Pyrrhus (I, 2), la première rencontre d'Andromaque et de Pyrrhus n'exigent pas plus de temps qu'il n'en faut aux acteurs pour jouer l'acte. Durée fictive et durée réelle se confondent strictement. Le deuxième acte s'enchaîne directement sur le premier, puisque Hermione attend la venue d'Oreste (II, 1) qui a été précédemment annoncée (I, 3). L'entretien d'Hermione et d'Oreste (II, 2), le monologue de celui-ci (II, 3), le revirement de Pyrrhus l'informant de sa décision d'épouser Hermione (II, 4) et le dialogue du roi et de son confident Phœnix demandent peu de temps : une heure ou deux. L'acte III suit temporellement le précédent.

En revanche, le quatrième acte, sur le plan de l'action, ne s'enchaîne pas directement sur le premier. Les théoriciens admettaient que des événements soient censés se produire durant un entracte, mais non entre deux scènes à l'intérieur d'un acte. À la fin de l'acte III, Andromaque décide d'aller se recueillir et méditer sur le tombeau de son époux. Au début de l'acte IV, elle est de retour et elle s'est résignée à épouser Pyrrhus et à se tuer ensuite. Il faut donc qu'entre les deux actes s'écoule un laps de temps suffisant pour qu'Andromaque puisse se déplacer et mûrir sa décision. Mais, pour le reste, la conversation d'Andromaque et de Céphise (IV, 1), celles d'Hermione et d'Oreste (IV, 3), d'Hermione et de Cléone (IV, 4), l'ultime entretien de Pyrrhus et d'Hermione (IV, 5) peuvent se dérouler en quelques petites heures.

Le dernier acte suit de nouveau temporellement le précédent. Il faut admettre une accélération des événements. D'abord entre les scènes 1 et 2, puis entre les scènes 2 et 3, pour que Cléone et Oreste aient le temps matériel de venir du temple où se célèbre le mariage de Pyrrhus et d'Andromaque auprès d'Hermione pour lui rendre compte de ce qui se passe ; enfin, entre les scènes 4 et 5 pour qu'Andromaque ait la possibilité de donner ses ordres et d'organiser la chasse aux assassins de Pyrrhus. Mais même avec ce laps de temps supplémentaire, toute l'intrigue peut raisonnablement se dérouler en moins de vingt-quatre heures.

▰▰▰ LE LIEU

L'unité de lieu résulte logiquement de la théorie de l'imitation et de l'unité de temps. La tragédie ne devait pas comporter de changements de lieu plus importants que les moyens de communication de l'époque ne permettaient d'en effectuer en un jour. En pratique, les déplacements devaient se limiter au cadre du palais (ou d'une ville) et de ses abords. Tel est le cas dans *Andromaque*, dont l'action se déroule à Buthrote, et, plus précisément, dans « une salle du palais » de Pyrrhus.

Il s'agit en fait d'un lieu assez conventionnel : une antichambre où successivement Andromaque « passe » (v. 260) et se fait aborder par Pyrrhus (I, 4), où Andromaque retient Hermione (« Où fuyez-vous, Madame? », v. 858). Il convient en réalité d'imaginer à l'intérieur de ce cadre général une série de lieux particuliers, tant il est inconcevable que tou[s] les événements se produisent dans un même endroit. Ces lieux particuliers sont au nombre de trois. Ils se décomposent de la manière suivante :

— une première salle pour les scènes I, 1 ; II, 4 ; II, 5 ; III, 1 ; III, 5-6 ;

— une autre salle du palais (peut-être la salle du trône) pour l'ambassade d'Oreste auprès de Pyrrhus (I, 2) ;

— une troisième salle, correspondant aux « appartements » d'Hermione, pour les scènes II, 1 ; II, 2 ; III, 2 ; III, 3 ; III, 4 ; IV, 3 à 5 ; tout l'acte V.

Ce lieu unique connaît donc des subdivisions. Il y a par ailleurs des allusions à d'autres lieux : à celui où l'on garde Astyanax (v. 260) ; au tombeau d'Hector (v. 1048), qui ne peut se trouver qu'en dehors du palais ; au « temple » où Pyrrhus épouse Andromaque (V, 2 et 3) ; aux portes enfin du palais (V, 5). Tout un arrière-plan se dessine ainsi.

L'ACTION

L'unité d'action imposait que l'intérêt fût centré sur une seule intrigue. Ce qui ne signifiait pas l'absence totale d'intrigue secondaire. Il fallait que les fils que pouvait comporter l'intrigue soient fortement tissés, et que toute action (ou toute parole) d'un personnage ait des conséquences sur tous les autres. Chaque détail devait être subordonné à l'action principale.

La pièce respecte cette exigence : l'amour de Pyrrhus pour Andromaque constitue la trame de l'action principale ; la passion d'Oreste pour Hermione en forme l'action secondaire. Mais entre les deux intrigues s'établissent d'étroits rapports. L'amour de Pyrrhus pour Andromaque influe sur le comportement d'Hermione, lequel retentit sur l'attitude d'Oreste. Il provoque la jalousie d'Hermione et son désir de tuer Pyrrhus. Même le thème politique (l'ambassade d'Oreste) se rattache au drame passionnel puisque Oreste a saisi cette occasion officielle pour revoir Hermione. Comme le remarquait déjà Voltaire : « Il y a manifestement deux intrigues [...], celle d'Hermione aimée d'Oreste et dédaignée de Pyrrhus, celle d'Andromaque qui voudrait sauver son fils et être fidèle aux mânes d'Hector. Mais ces deux intérêts, ces deux plans sont [...] heureusement rejoints ensemble »[1]. L'unité d'action est donc parfaitement observée.

LES BIENSÉANCES

La question des bienséances soulève un problème délicat. Il y avait en effet obligation pour un dramaturge de ne pas choquer le spectateur (c'était ce qu'on appelait du terme général, les « bienséances »). Non que les gens du XVIIe siècle fussent prudes ou prompts à se choquer ; mais parce que, avant 1630, au cours de l'époque baroque[2], le théâtre avait connu de tels excès de brutalité et de grossièreté que s'était produite une très forte réaction. Par ailleurs, scandaliser les spectateurs nuisait à la crédibilité et à la vraisemblance de l'œuvre. On pouvait donc continuer à mettre en scène tous les sujets à la condition de savoir dire les choses avec art et élégance.

> Il n'est point de serpent, ni de monstre odieux,
> Qui par l'art imité ne puisse plaire aux yeux,

soutiendra Boileau dans le chant III de son *Art poétique*. Dans ce contexte, le sujet d'*Andromaque* s'avérait difficile à traiter dans la mesure où il comporte un chantage, un assassinat, un suicide, une plongée dans la folie et, en arrière-plan, le permanent et sanglant passé de la guerre de Troie. Racine parvient pourtant à se plier aux exigences des bienséances par l'élimination de toute évocation directe de la violence et par une utilisation particulière du langage.

L'élimination de toute évocation directe de la violence

Racine atténue la brutalité du drame : les épisodes sanglants ou macabres sont racontés, jamais présentés sur

---

1. Voltaire, *Remarques sur le troisième discours du poème dramatique de Corneille* (1764).
2. En littérature, on désigne par l'expression « baroque » les périodes des règnes d'Henri IV (1589-1610), et de Louis XIII (1610-1643), qui virent de nombreuses œuvres comporter des scènes très violentes et très spectaculaires.

scène, en réaction contre le théâtre baroque qui, au début du siècle, avait représenté trop de morts horribles. Cet excès avait fini par devenir ridicule. Aussi Racine fait-il relater par Oreste l'assassinat de Pyrrhus (V, 3) ; et Pylade relate le suicide d'Hermione (V, 5). Quant aux horreurs de la guerre de Troie, elles sont, elles aussi, dépeintes par et à travers les souvenirs d'Andromaque et de Pyrrhus. « J'ai fait des malheureux, sans doute », dit pudiquement celui-ci (v. 313) ; Andromaque, pour sa part, parle d'« une nuit cruelle » (v. 997). La réalité est plus suggérée que décrite. Elle cesse ainsi d'être choquante.

Une utilisation particulière du langage

Ce qui confère en outre une parfaite dignité aux propos les plus rudes, c'est la manière dont ils s'énoncent. En proie aux pires égarements, les personnages n'oublient jamais de se donner leur titre : « prince », « seigneur », « madame », engendrant ainsi un climat de majesté. Ils se servent, par ailleurs, de mots qui ont pour fonction d'ennoblir : le « bruit » signifie la renommée, le « cœur » signifie le courage et l'« objet », la femme aimée. Cette façon de s'exprimer convient au rang royal ou princier des personnages qui l'emploient. Elle les place au-dessus de la commune humanité. Andromaque, par exemple, ne parle pas de prison pour son fils, mais des « lieux » où l'on garde Astyanax (v. 260). L'emploi du pluriel et du pronom indéfini « on » (qui désigne en fait Pyrrhus) atténue le propos.

Si grands soient-ils, les personnages éprouvent pourtant de brûlantes passions. Pour révéler leurs faiblesses, tout en conservant leur prestige, ils usent du langage en vogue à la Cour et à la Ville[1], et qui est de rigueur dans l'univers tragique. Les substantifs possèdent une valeur d'atténuation, grâce à l'emploi de la litote[2] (art d'exprimer le plus en disant le moins). De furtives images traduisent noblement d'érotiques confidences. Les unes évoquent un brasier : « feux », « flammes »,

---

1. L'expression classique « la Ville » désignait, au XVIIe siècle, la haute bourgeoisie parisienne qui constituait le peuple éclairé de l'époque.
2. Voir, par exemple, les vers 313, 997.

« brûler »[1]... ; d'autres soulignent la perte de la liberté, symbole des liens de l'amour, comme le terme (toujours employé au pluriel) de « fers »[2].

Certains mots retrouvent la vigueur de leur sens étymologique : « charme » (du latin *carmen*) et l'adjectif « charmant » sont employés au sens d'incantation magique pour suggérer l'influence irrésistible de la passion[3] ; « fureur » évoque la manifestation, poussée jusqu'au délire, de la colère ou de la douleur[4] ; « perfide » possède le sens fort de déloyal et désigne l'absence de respect des engagements pris[5]. Quand la passion parvient enfin à son paroxysme, elle s'exprime en termes brefs, mais fulgurants : Hermione se reproche, après la mort de Pyrrhus, d'avoir été une « amante insensée » (v. 1545) ; et Pylade dit d'Oreste sombrant dans la folie : « Il perd le sentiment » (v. 1645). Grâce à ce contrôle du langage, Racine sait donner aux événements les plus horribles et aux égarements les plus fous une apparence de décence et de bienséance.

▰▰▰▰ UNE DRAMATURGIE DU PARADOXE

L'action comme la structure d'*Andromaque* se caractérise par une série de renversements étonnants. D'abord le sujet lui-même repose sur une alliance des contraires. Physiquement et politiquement, Andromaque est la prisonnière de Pyrrhus. Mais, sentimentalement, c'est Pyrrhus qui dépend, qui est « prisonnier » d'Andromaque. C'est le thème éternel de la captive qui captive (dans tous les sens du terme) son geôlier. Ensuite, la pièce progresse par une série de retournements. Après avoir refusé de livrer Astyanax aux Grecs (I,

---

[1]. Voir, par exemple, les vers 86, 95, 108, 251, 320, 468, 553, 576...
[2]. Voir, par exemple, les vers 32, 319, 418, 1351...
[3]. Voir, par exemple, les vers 31, 50, 77, 124, 130, 259, 303, 351, 402, 450...
[4]. Voir, par exemple, les vers 11, 47, 368, 418, 709, 726, 1388, 1535, 1573, 1641.
[5]. Voir, par exemple, les vers 691, 1375, 1409, 1414, 1458, 1533.

2), Pyrrhus revient sur son refus (II, 4) et, du coup, désespère Oreste qui croyait avoir gagné la partie. Décidé à ne plus penser à Andromaque (II, 5), Pyrrhus se laisse de nouveau dominer par sa passion pour la veuve d'Hector (III, 7). De son côté, Andromaque, après s'y être longtemps montrée hostile, se résout à épouser Pyrrhus, mais... pour se tuer aussitôt après la cérémonie. Hermione ordonne à Oreste d'assassiner Pyrrhus, pour le lui reprocher aussitôt après. Le seul personnage (Andromaque) qui souhaitait mourir est enfin le seul à demeurer en vie ; et la princesse déchue de Troie retrouve (au moins provisoirement) un trône.

La même alternance des contraires se décèle dans la psychologie des uns et des autres. Pyrrhus et Hermione oscillent entre l'amour et la fureur ; Oreste est partagé entre sa passion et ses devoirs d'ambassadeur ; Andromaque est tiraillée entre son amour pour Hector et son amour maternel pour Astyanax.

On comprend, dans ces conditions, que l'intérêt dramatique d'*Andromaque* ne faiblisse jamais.

9 Langage et poésie

On a souvent loué la poésie racinienne. « Quel vers ! quelles suites de vers ! Y eut-il jamais, dans aucune langue humaine, rien de plus beau », écrit Gide dans son *Journal*. Chez Racine, en effet, la tragédie allie l'horreur et la beauté ; mieux même, par la poésie, elle métamorphose l'horreur en beauté. Avec ses épisodes sanglants et cruels, l'action d'*Andromaque* deviendrait vite insoutenable si elle n'était transfigurée par l'art. Tout le talent du dramaturge est de prolonger le pathétique[1] dans l'émotion esthétique[2] qui résonne indéfiniment dans l'esprit et le cœur du spectateur.

LYRISME ET MUSIQUE

Racine est poète parce qu'il a le sens musical. Chez lui, le langage poétique, avec ses sonorités, ses rythmes et ses images, met en valeur les réactions et les états d'âme des personnages. Le lyrisme se manifeste par l'expression de sentiments intimes. Il revêt deux formes essentielles : élégiaque, quand il exprime une plainte mélancolique ; enthousiaste, quand il traduit les élans de la passion.

Le lyrisme élégiaque

Le lyrisme élégiaque apparaît fréquemment dans la pièce. Une douloureuse nostalgie s'empare d'Hermione quand elle dit à Pyrrhus :

> Je t'aimais inconstant, qu'aurais-je fait fidèle ?
>
> (v. 1365).

---

1. Voir p. 46, note 1.
2. L'esthétique est ce qui a trait à la beauté. L'émotion esthétique est la réaction du spectateur, du lecteur, devant ce qu'il considère comme une des manifestations de la beauté.

(Comprenons : Je t'aimais, bien que tu fusses inconstant (infidèle), combien je t'aurais aimé davantage encore si tu avais été fidèle.) La concision du vers, le recours à l'imparfait, l'interrogation d'Hermione sur elle-même, tout concourt à suggérer un amour infini, entrevu, possible, mais en définitive illusoire. Toute la souffrance d'Hermione passe dans ces simples mots qui sont d'autant plus forts qu'Hermione les prononce presque calmement : sur le ton lent et triste des rêves impossibles. De même, le rythme s'alanguit dans ces vers d'Hermione répondant à Pyrrhus :

> J'attendais en secret le retour d'un parjure ;
> J'ai cru que tôt ou tard, à ton devoir rendu,
> Tu me rapporterais un cœur qui m'était dû.
>
> (v. 1362 à 1364).

La coupe presque insensible à l'hémistiche (milieu du vers séparant l'alexandrin en 6 + 6 syllabes) confère plus de fluidité à l'ensemble. L'emploi des verbes au passé traduit l'espoir, toujours déçu, d'Hermione, de sorte que ces alexandrins constituent une triste mélodie. C'est encore Andromaque qui se dépeint elle-même, afin de mieux repousser Pyrrhus :

> Captive, toujours triste, importune à moi-même,
> Pouvez-vous souhaiter qu'Andromaque vous aime ?
>
> (v. 301-302).

Les consonnes liquides *m* et *n* amortissent tout éclat sonore, cependant que la répétition du son [i] module une plainte perpétuelle.

Le lyrisme élégiaque surgit encore dans les monologues, propices à l'expression des chants douloureux, puisque le personnage est seul sur scène et que l'émotion qui l'étreint est si forte qu'il ne peut s'empêcher de parler à voix haute. Oreste laisse ainsi libre cours à sa stupéfaction souffrante dans la scène 4 de l'acte V ; et Hermione exprime son trouble dans la scène 1 de l'acte V.

Le lyrisme enthousiaste

Pour suggérer, en revanche, l'élan de l'amour, le vers racinien se fait plus ample ; il épouse la passion elle-même. Ainsi dans cette peinture de Pyrrhus par Hermione quand celle-ci croit à son prochain mariage et qu'elle dit son bonheur à Cléone :

> Sais-tu quel est Pyrrhus ? T'es-tu fait raconter
> Le nombre des exploits... Mais qui les peut compter ?
> Intrépide, et partout suivi de la victoire,
> Charmant, fidèle, rien ne manque à sa gloire.
>
> (v. 851 à 854).

L'enjambement[1] du premier vers sur le deuxième, la phrase interrompue après le mot « exploits » (on attendrait par exemple une proposition subordonnée relative), la série d'adjectifs qualificatifs qui se rapportent à un nom (Pyrrhus) grammaticalement sous-entendu, tout suggère jusque dans ce désordre grammatical la joie débordante d'Hermione. Il en va de même dans le monologue d'Oreste de la scène 3 de l'acte II. Certain alors d'épouser Hermione, Oreste laisse éclater son bonheur :

> Nous n'avons qu'à parler : c'en est fait. Quelle joie
> D'enlever à l'Épire une si belle proie !
> Sauve tout ce qui reste et de Troie et d'Hector ;
> Garde son fils, sa veuve, et mille autres encor,
> Épire : c'est assez qu'Hermione rendue
> Perde à jamais tes bords et ton prince de vue.
>
> (v. 597 à 602).

La phrase exclamative, l'apostrophe[2] à l'Épire, comme si Oreste était prêt à triompher de tout et de tous, rendent compte de l'ivresse de l'amoureux sûr de sa victoire.

LA VISION ÉPIQUE

Parfois le vers s'agrandit à des reconstitutions historiques, qui s'imposent dans l'esprit du spectateur. La poésie se fait alors épique. Est épique tout événement grandiose (généralement une bataille) qui modifie (ou façonne) l'histoire d'une nation. Andromaque revit intensément la prise de Troie

---
1. Un enjambement est un rejet au vers suivant d'un ou de plusieurs mots qui complètent le sens du vers précédent. Sa fonction traditionnelle est ainsi de mettre en relief le dernier mot du premier vers et le premier mot du deuxième vers.
2. L'apostrophe est le fait d'interpeller quelqu'un ou, comme c'est ici le cas, un pays.

par les Grecs. Le passage est si célèbre qu'il convient de s'y arrêter un instant :

> Songe, songe, Céphise, à cette nuit cruelle
> Qui fut pour tout un peuple une nuit éternelle.
> Figure-toi Pyrrhus, les yeux étincelants,
> Entrant à la lueur de nos palais brûlants,
> Sur tous mes frères morts se faisant un passage,
> Et de sang tout couvert échauffant le carnage.
> Songe aux cris des vainqueurs, songe aux cris des
> [mourants,
> Dans la flamme étouffés, sous le fer expirants.
> (v. 997 à 1004).

L'anaphore[1] « songe » encadre la narration. L'impératif des verbes « songer » et « se figurer », qui s'adresse à la confidente Céphise (et au-delà d'elle aux spectateurs), cherche à créer la vision elle-même, selon le procédé de l'hypotypose[2]. La répétition des sons nasalisés *on* contenus dans « songe », ainsi que l'allitération[3] en [ze] suggèrent une plainte assourdie. À l'intérieur de cette incantation mélodieuse, les substantifs abstraits élargissent le spectacle : « nuit cruelle » rime avec « nuit éternelle », qui prolonge le deuil dans la mémoire. Le recours constant au pluriel (« nos palais », « mes frères morts », « des vainqueurs », « des mourants ») agrandit l'action. Le champ lexical du feu, du sang et des cris condense toute la violence de la scène. C'est une véritable reconstitution de la ville en feu où se déroule le plus atroce des carnages que brosse Andromaque.

Pyrrhus sait lui aussi créer ces superbes et désolantes évocations quand il compare la puissance passée de Troie et sa ruine présente :

> Je songe quelle était autrefois cette ville,
> Si superbe en remparts, en héros si fertile,
> Maîtresse de l'Asie ; et je regarde enfin
> Quel fut le sort de Troie, et quel est son destin.

---

1. L'anaphore est la répétition d'un ou plusieurs mots en tête de vers ou au début des hémistiches.
2. L'hypotypose est la figure de style par laquelle on désigne tous les procédés tendant à créer une image dans l'esprit des spectateurs. Ces procédés peuvent être des verbes tels que *voir, songer, représenter,* l'utilisation des adjectifs démonstratifs...
3. Une allitération est une répétition des mêmes sons.

> Je ne vois que des tours que la cendre a couvertes,
> Un fleuve teint de sang, des campagnes désertes.
>
> (v. 197 à 202).

Le contraste est saisissant entre la splendeur et la destruction de Troie, comme si Pyrrhus, contemplant tel un géant le monde, méditait sur l'Histoire.

LES IMAGES

Racine a souvent inspiré les peintres. C'est que tout son théâtre est rempli de « tableaux ». Les effets musicaux et stylistiques collaborent à leur création. Il suffit à Andromaque de se souvenir des adieux que lui fit Hector avant d'aller affronter Achille et de trouver la mort dans le combat :

> Hélas ! je m'en souviens, le jour que son courage
> Lui fit chercher Achille, ou plutôt le trépas,
> Il demanda son fils, et le prit dans ses bras
>
> (v. 1018 à 1020)

pour que, aussitôt, surgisse dans notre esprit l'image du père et de l'enfant, la scène d'une émouvante séparation.

Plus généralement, on peut classer les images qui engendrent le tableau en trois catégories : mythologique, hallucinatoire et idyllique.

Les images mythologiques

Elles sont peu nombreuses ; mais leur rareté ne leur donne que plus de force. Même si la divinité se manifeste peu dans la pièce, elle n'en est pas moins présente. À peine Oreste a-t-il commis son crime qu'il aperçoit les Furies[1] :

> Hé bien ! filles d'enfer, vos mains sont-elles prêtes ?
> Pour qui sont ces serpents qui sifflent sur vos têtes ?
>
> (v. 1637-1638).

Le dernier (v. 1638) de ces deux vers demeure l'illustration parfaite de l'allitération[2]. Les consonnes sifflantes [s], la répétition du son [i] rendent sensible à l'oreille le sifflement de

---

1. Voir p. 49, note 2.
2. Voir p. 66, note 3.

ces « serpents ». La vision est concrète, et s'adresse autant à la vue qu'à l'ouïe du spectateur (ou du lecteur).

Les images hallucinatoires

Peu fréquentes également, elles préparent psychologiquement l'apparition des images mythologiques qu'Oreste perçoit dans son délire :

> Mais quelle épaisse nuit tout à coup m'environne ?
> De quel côté sortir ? D'où vient que je frissonne ?
> Quelle horreur me saisit ? Grâce au ciel, j'entrevois...
> Dieux ! quels ruisseaux de sang coulent autour de moi !
> (v. 1625 à 1628).

Les notations physiques confèrent à la scène une présence évidente. On imagine aisément dans quel état se trouve Oreste.

Les images idylliques

Elles viennent parfois adoucir la sauvagerie de ces tableaux. Toujours nostalgiques, ces images évoquent le souvenir du bonheur perdu, dans le cas d'Andromaque, ou impossible, dans le cas d'Hermione. Avec quelle tendresse, en effet, Andromaque rappelle les dernières paroles d'Hector (v. 1021 à 1025). Tout l'amour qu'Hector voue à sa femme vibre dans ces propos ; et la manière dont Andromaque les rapporte, presque religieusement à Céphise, suffit à faire comprendre combien cet amour était partagé. De même, Hermione veut encore croire à son bonheur futur :

> Fuyons... Mais si l'ingrat rentrait dans son devoir !
> Si la foi dans son cœur retrouvait quelque place !
> S'il venait à mes pieds me demander sa grâce !
> Si sous mes lois, Amour, tu pouvais l'engager !
> (v. 436 à 438).

Dans cette scène (qui ne se produira pas) Hermione rêve du retour de Pyrrhus ; et ce rêve montre combien elle l'aime encore.

Les images (auxquelles il faut ajouter celles du feu et du sang étudiées à propos du tragique, voir chapitre 7) concourent ainsi à créer une forte émotion esthétique.

DES PROCÉDÉS SIMPLES

Tant de puissance émotive charme et étonne d'autant plus que Racine la crée avec une exemplaire économie de moyens. N'exagérons pas la soi-disant indigence du vocabulaire racinien dont on a parfois parlé. Mais il est vrai qu'un nombre limité de procédés confère au vers ses qualités classiques.

Comme tous les personnages sont d'un rang social élevé, leur langage a quelque chose de noble et de raffiné. Deux tournures de style, qui reviennent fréquemment, caractérisent la manière dont ils s'expriment :
— l'emploi de mots abstraits au pluriel (appelé pluriel poétique) qui étoffe en généralisant. Les amants, même déçus, parlent de leurs « feux mal éteints » (v. 86), de leurs froideurs, de leur mépris... La multiplicité, suggérée par l'emploi du pluriel, estompe le caractère trop précis de la confidence ;
— l'emploi de l'adjectif qualificatif, souvent placé devant le nom qu'il qualifie : « fatal hyménée » (v. 1426) ; « funeste image » (v. 1498) ; « détestable fruit » (v. 1555).

Ce qui donne enfin à cette poésie son extraordinaire pouvoir de suggestion, c'est le retour ou la juxtaposition de mots, dont le rappel ou le rapprochement crée chez le spectateur une impression obsédante. Par exemple, le mot « feu » qui, comme on l'a vu (p. 50-51), évoque la chute de Troie, mais qui, au pluriel, traduit une passion brûlante. Ou encore le mot « sang » qui, tantôt, désigne la race, la famille (v. 69, 152, 232, 246, 314, 1027 et 1122) et qui, tantôt, désigne le sang versé à la guerre. Il en va encore du mot « nuit », image de l'obscurité physique et mentale.

Par des procédés relativement simples, mais d'autant plus efficaces qu'ils sont simples, la pièce devient une tragédie de l'amour désespéré et de la mort souhaitée.

10 Trois « lectures » d'Andromaque

Ce qui distingue le chef-d'œuvre d'une production ordinaire, c'est sa capacité de se prêter à travers le temps à de multiples interprétations. Peu importe que l'auteur ait ou non songé à ces interprétations : dès qu'il livre son œuvre au public, elle cesse de lui appartenir. Il ne reste que l'œuvre, seule, et son public. Tant qu'elle continue de parler à des générations successives, elle demeure vivante ; dans le cas contraire, elle disparaît, du répertoire théâtral, par exemple.

Andromaque, comme la plupart des tragédies de Racine, a été l'objet d'interprétations nombreuses et, parfois, contestées. On n'en retiendra que trois, qui ne se situent d'ailleurs pas sur le même plan. La première concerne le comportement d'Andromaque et a été formulée du vivant même de Racine ; les deux autres s'efforcent, à la lumière de la psychanalyse[1] et d'autres disciplines modernes, de renouveler le sens d'un texte constamment étudié depuis trois siècles.

ANDROMAQUE EST-ELLE COQUETTE ?

Le 26 novembre 1667, neuf jours après la création de la pièce, Robinet écrivait dans sa *Lettre périodique,* rédigée en vers et destinée aux gens du monde : « J'ai vu la pièce toute neuve / D'Andromaque, d'Hector la veuve, / Qui, maint siècle après son trépas, / Se montre pleine d'appas. » Il ouvrait, sans le savoir, un débat qu'au siècle suivant Voltaire contribua

---

[1]. La psychanalyse s'efforce d'analyser la vie psychique consciente et inconsciente. Freud (1856-1939) en est le fondateur.

à relancer en voyant dans *Andromaque* « une pièce admirable » qui comportait toutefois quelques scènes de coquetterie. Ce débat s'est poursuivi jusqu'à nos jours, les uns estimant que l'héroïne de Racine use de son charme pour se défendre contre Pyrrhus, les autres s'indignant qu'on pût accuser de coquetterie le modèle même de la fidélité conjugale. Des conciliateurs parlèrent de « coquetterie vertueuse ». L'enjeu de ce débat était et reste de savoir quelle idée Racine se faisait de son personnage, comment on doit jouer le rôle d'Andromaque.

À vrai dire, ce débat est stérile tant que l'on demeure sur le plan des principes généraux, sur celui de la morale (une veuve a-t-elle le droit d'être coquette ?) ou de la psychologie (une femme est-elle coquette ?). Car un personnage de théâtre est un être fictif, un être de papier, dont le rôle et les propos sont entièrement commandés par la situation dramatique.

Or, cette situation est claire. Andromaque, déchirée entre sa fidélité à Hector et la nécessité de sauver son fils, se doit de repousser Pyrrhus sans provoquer sa colère. Aussi le flatte-t-elle quand, par exemple, elle dit sa nostalgie de l'époque où il se présentait comme son chevalier servant :

> Vos serments m'ont tantôt juré tant d'amitié. (v. 903).
> Vous qui braviez pour moi tant de périls divers ! (v. 907).

Ou encore quand elle parle de ses soupirs de mère inquiète avec suffisamment d'ambiguïté pour que Pyrrhus les interprète comme des soupirs de femme qui l'estime :

> Ah ! Seigneur, vous entendiez assez
> Des soupirs qui craignaient de se voir repoussés.
> (v. 911-912).

Dans ces moments-là, Andromaque est au bord de la coquetterie.

Bien qu'elle soit une Troyenne de l'Antiquité, Andromaque réagit comme une femme du monde du XVIIe siècle, habituée à faire de ses soupirants des esclaves, comme l'on disait alors, à les retenir sans les décourager.

Mais Andromaque n'est qu'au bord de la coquetterie, car Pyrrhus la voit tout différemment. Il la voit pleine d'« orgueil » (v. 899), de « mépris » (v. 682) et même de « cruauté »

(v. 643). Entre Pyrrhus et Andromaque, entre le geôlier et la prisonnière, entre le vainqueur et la vaincue, l'amour offert et refusé instaure un rapport de forces qui rend la tragédie possible. Il est nécessaire qu'il en soit ainsi ; et que Pyrrhus se sente à la fois défié et ému. C'est donc moins en termes de coquetterie qu'il convient d'analyser le comportement d'Andromaque qu'en termes de lutte, dans laquelle la passion est l'expression de l'amour-propre et de la puissance, à l'avantage tantôt de l'un, tantôt de l'autre.

L'INTERPRÉTATION STRUCTURALISTE

Comme son nom l'indique, le structuralisme s'efforce de dégager et d'analyser des « structures ». Par ce mot de « structures », il convient de comprendre non pas l'architecture interne (le plan) d'une œuvre, mais les rapports profonds, communs à des ensembles différents. Soient les onze tragédies que Racine écrivit durant sa carrière. Elles représentent globalement des organisations différentes les unes des autres, dans la mesure où chacune de ces pièces ne ressemble à aucune autre, où, par exemple, *Andromaque* n'offre aucune similitude apparente avec *Phèdre*. Toute la question est cependant de savoir si, au-delà des apparences, il n'existe pas une structure cachée, commune aux onze pièces, et par rapport à laquelle chaque tragédie serait comme une variante.

Cette « structure » propre au théâtre racinien, Roland Barthes a tenté de la dégager dans un ouvrage intitulé *Sur Racine*[1]. Comme l'auteur y analyse l'ensemble de l'œuvre de Racine, il est nécessaire de procéder en deux temps ; on exposera d'abord la thèse générale ; on l'appliquera ensuite à *Andromaque*.

Selon cette intepn̈rétation, la « structure » fondamentale du théâtre de Racine est un « rapport d'autorité ». Ce rapport paraît à Barthes si permanent qu'il n'hésite pas à le représenter sous la forme d'une double équation :

---

1. Roland Barthes, *Sur Racine* (Le Seuil, 1963, réédité en livre de poche, coll. « Points », 1979).

— A a tout pouvoir sur B
— A aime B, qui ne l'aime pas.

L'exercice du pouvoir que possède A revêt, en outre, un caractère toujours particulier en raison de la nature du lien qui unit les personnages : celui de l'ingratitude (qui est, effectivement, un thème fréquent des tragédies de Racine). B a une dette morale envers A ; dès lors, si B résiste à A, il devient un ingrat. Mais l'ingratitude est pour B la forme quasi obligée de sa liberté.

Ainsi A va-t-il tenter d'« agresser » B en utilisant presque toujours la même technique : celle de donner pour mieux reprendre. B, quant à lui, résiste à cette « agression » soit par la plainte, soit par le chantage au suicide.

Au fond de cette lutte entre A et B, qui reproduit en quelque sorte la situation existante entre le bourreau et sa victime, Barthes découvre que A incarne le « Père » et que B est le « Fils ». Il faut toutefois comprendre le mot « Père » dans son sens psychanalytique : le mot ne désigne pas obligatoirement le père biologique, naturel, mais la personne qui incarne le passé, qui, par son antériorité (le fait d'avoir vécu avant le « Fils »), affirme son existence et son pouvoir sur B.

Roland Barthes conclut que ce rapport d'autorité s'applique également au rapport « amoureux », c'est-à-dire que ce dernier fonctionne sur le même schéma.

Cette interprétation (qui, malgré sa volonté généralisante, ne rend pas compte de toutes les pièces de Racine, de *Phèdre*, notamment) convient fort bien à *Andromaque*. Pyrrhus (A) a en effet pouvoir de vie ou de mort sur Andromaque (B) ; Pyrrhus (A) aime Andromaque (B) qui ne l'aime pas. Il est en outre vrai que par son chantage, Pyrrhus (A) « agresse » Andromaque (B) qui ne lui répond que par de l'ingratitude (puisque Andromaque refuse de prendre en considération le renversement des alliances politiques[1] que, par amour pour elle, Pyrrhus envisage).

Quant au « Père » (au sens psychanalytique du terme), il s'incarne dans un principe, que les deux personnages héritent de leur passé. C'est pourquoi il est assimilé à la notion de « père » qui, en psychanalyse, se confond toujours avec ce qui préexiste à soi. Ce principe est celui de la fidélité au passé,

---

1. Voir pp. 43-44.

à la Grèce et à Hermione dans le cas de Pyrrhus ; fidélité à Troie et à Hector pour Andromaque. Tous deux sont prisonniers d'un ordre ancien. Pyrrhus cherche à en sortir en épousant Andromaque, en fondant, par un renversement des alliances, un ordre nouveau qui le rendrait libre. En vain. Dans la conquête de sa liberté, de son autonomie, il ne rencontrera que la mort, ordonnée par Hermione, c'est-à-dire par l'ordre ancien.

La situation politique d'Andromaque est, comme on l'a vu[1], plus ambiguë à la fin de la pièce. Se maintiendra-t-elle longtemps sur le trône d'Épire ? Qui cherche-t-elle vraiment à punir en faisant poursuivre les meurtriers de Pyrrhus ? Les seuls assassins du roi d'Épire ou, à travers eux (qui sont des Grecs), les responsables de la chute de Troie et de la mort d'Hector ? Pour Barthes toutefois, « le dénouement de la pièce est sans équivoque : Andromaque prend expressément la relève de Pyrrhus. Pyrrhus mort, elle décide de vivre et de régner, non comme amante enfin débarrassée d'un tyran odieux[2], mais comme veuve véritable, comme héritière légitime du trône de Pyrrhus ». Andromaque a fait sa conversion, elle est libre[3].

On peut très bien ne pas accepter cette thèse jusque dans ses conséquences ultimes. Elle repose en effet sur l'idée qu'Andromaque régnera sans difficulté sur l'Épire. Rien n'est moins évident. Mais on peut également s'y rallier, pour les perspectives qu'elle ouvre. À chacun de décider.

Que ces interprétations ne déroutent cependant pas. Fruits d'intelligences toujours brillantes, souvent exceptionnelles, ces interprétations montrent que des chefs-d'œuvre comme *Andromaque* conservent obstinément une part de mystère, et qu'au-delà du plaisir de la lecture et de l'analyse, ils continuent de nous parler et de nous interroger.

---

1. Voir chapitre 6.
2. Ce « tyran odieux » est, selon Roland Barthes, Hector lui-même, dans la mesure où il enferme psychologiquement Andromaque dans un rapport figé de dépendance sentimentale, où il empêche ainsi Andromaque de retrouver son autonomie.
3. Roland Barthes, *Sur Racine*, 1979, p. 80.

« ANDROMAQUE » OU « LA DÉCHÉANCE TRAGIQUE »

S'inspirant des acquis des sciences humaines, du structuralisme comme de la psychanalyse[1], Jean Rohou considère que la signification d'une œuvre théâtrale apparaît autant dans son sujet que dans les rapports entre les personnages et les événements. Jean Rohou estime qu'*Andromaque* illustre la mort des valeurs héroïques, traditionnellement véhiculées au XVIIe siècle. Pyrrhus a en effet perdu l'esprit de décision qui caractérise ordinairement le héros. Oreste craint autant de perdre Hermione que de devenir, en la perdant, la « fable » de l'Épire (v. 770), c'est-à-dire un objet de risée et de moquerie. Hermione est certes blessée de ne pas être aimée de Pyrrhus ; mais elle ressent aussi la trahison de celui-ci comme une « injure » qu'il faut « cacher » (v. 1361) pour en éviter la « honte » (v. 395). Hermione réagit donc autant par amour que par amour-propre. Quant à Andromaque, elle est condamnée à l'inaction, puisque son sort dépend de Pyrrhus. Partout l'amour de soi et l'impuissance dominent. Or ces deux réalités sont contraires à la vision de l'héroïsme que le XVIIe siècle considérait comme un principe de vigueur, d'action et de générosité. C'est pourquoi Jean Rohou parle de déchéance ; et celle-ci est tragique parce qu'elle conduit à une catastrophe générale.

---

1. Voir p. 70, note 1.

11 Accueil, interprétations et mises en scène

ACCUEIL ET INTERPRÉTATIONS

Andromaque connut un vif succès à sa création, en dépit de quelques réactions individuelles. Le Grand Condé[1] estima, par exemple, Pyrrhus « trop violent et trop emporté ». À quoi Racine répondit ironiquement dans sa préface de 1678 : « Encore s'est-il trouvé des gens qui se sont plaints qu'il (Pyrrhus) s'emportât contre Andromaque, et qu'il voulût épouser cette captive à quelque prix que ce fût. J'avoue que Céladon[2] a mieux connu que lui le parfait amour. Mais que faire ? Pyrrhus n'avait pas lu nos romans. Il était violent de son naturel. Et tous les héros ne sont pas faits pour être des Céladons. » Mais ces humeurs intempestives ne purent masquer le triomphe de Racine.

Le succès d'*Andromaque* ne s'est pas depuis démenti. La Comédie-Française en a donné près de 1 500 représentations, dont 626 depuis 1900. C'est dire qu'*Andromaque* n'a jamais été autant jouée qu'au XXe siècle. Le personnage de la veuve d'Hector continue de séduire les plus grandes actrices, comme au XIXe siècle où, en plein apogée romantique, Rachel remit en honneur le théâtre de Racine et campa une Andromaque à la fois fragile et décidée à sauver son fils. C'était faire revivre tout le drame intime de cette Troyenne déchue.

---

1. Le Grand Condé (1621-1686), ainsi appelé en raison de ses nombreuses victoires militaires, était le fils d'Henri II Bourbon (donc membre de la famille royale) et jouait un rôle mondain important.
2. Céladon est le héros de *L'Astrée*, roman d'Honoré d'Urfé (1567-1625), publié de 1607 à 1619. C'est le type du parfait amant, entièrement soumis aux volontés de sa maîtresse.

▰▰▰ MISES EN SCÈNE

Contrairement à d'autres pièces de Racine (*Phèdre,* par exemple), les mises en scène d'*Andromaque* n'ont pas suscité, même de nos jours, de vifs débats. Deux voies sont possibles.

• **Retrouver la mise en scène initiale :** utiliser les rares points de repère fournis par le texte ; dans ce cas, le décor représente la salle voûtée d'un palais anonyme, sans ouverture vers l'extérieur. Seuls, des effets d'éclairage et d'ombre soulignent la tonalité particulière des scènes. Le spectacle demeure ce qu'il était au temps de Louis XIV : une cérémonie, majestueuse, triste, dont le pathétique s'exprime uniquement par le prestige du langage. Elle s'adresse à un public pourvu d'une imagination assez vive pour se passer d'effets visuels.

Dans ce cadre, jouer Andromaque suppose de faire un choix préalable. Sur quelle facette du personnage insistera-t-on le plus ? Sur la femme au bord de la coquetterie ? Sur la veuve ? Sur la mère ? La fidélité aux intentions de Racine implique de mettre en relief la veuve en Andromaque puisque c'est cet aspect de son héroïne que le dramaturge a privilégié dans son texte.

• **Mettre en valeur une nouvelle signification :** un metteur en scène peut, par un artifice de décor, replacer la pièce dans son contexte historique, laisser entendre que l'action constitue un ultime reflet ou le dernier épisode de la guerre de Troie. Buthrote (ou bien l'Épire) apparaîtrait alors comme une seconde Troie, dans laquelle souffrent non plus Hector et Achille, mais Andromaque aussi bien que Pyrrhus désenchanté de sa victoire. C'est un des sens possibles de la pièce.

Mais on peut également choisir de mettre l'accent sur la cruauté du face à face sentimental de Pyrrhus, d'Andromaque et d'Hermione. Tous ces personnages se trouvent en effet pris dans un double piège. Dans un piège géographique d'abord : ils vivent comme dans un huis clos qu'aucune nouvelle venue de l'extérieur ne vient briser ; et quand ils en sortent (comme Pyrrhus ou Hermione) pour se rendre au temple, c'est pour y trouver la mort. Dans un piège affectif, ensuite : tous se laissent emporter par leur passion. C'est redonner à *Andromaque* une force sauvage que l'adjectif « classique » qu'on lui accole fait souvent négliger.

ÉLÉMENTS DE BIBLIOGRAPHIE

Sur le genre littéraire de la tragédie classique

— Jacques Truchet, *La Tragédie classique en France* (P.U.F., 1975). Une présentation thématique et dramaturgique du genre. Ouvrage riche, clair, essentiel.
— Alain Niderst, *Racine et la tragédie classique* (P.U.F. 1978, coll. « Que sais-je ? »). Introduction nette et précise à l'étude du théâtre de Racine.

Sur Racine, sa vie, son œuvre

— François Mauriac, *La Vie de Jean Racine* (Plon-Nourrit, 1928). Un Racine tourmenté, peintre de la solitude humaine.
— Jean Giraudoux, *Racine* (Gallimard, 1935). De brillantes considérations sur la fatalité qui pèse sur le héros racinien.
— Raymond Picard, *La Carrière de Jean Racine* (Gallimard, 1956). Une savante étude de la biographie racinienne, indispensable pour qui veut connaître profondément la vie et la carrière de Racine.
— Jean Rohou, *Racine,* (Fayard, 1992). Une biographie précise et facile d'accès.

Études générales sur le théâtre de Racine et comportant des références à « Andromaque »

— Roland Barthes, *Sur Racine* (Le Seuil, 1963). Voir ci-dessus, p. 72.
— Alain Bonzon, *La Nouvelle critique et Racine* (Nizet, 1970). Présentation critique, et d'accès aisé, des nouvelles interprétations de l'ensemble du théâtre de Racine.
— Jean-Jacques Roubine, *Lecture de Racine* (A. Colin, 1971). Précieux dossier de textes judicieusement choisis et classés par catégories (historiques, littéraires, sociologiques).
— Lucien Goldmann, *Racine* (L'Arche, 1955, réédition 1985). Une approche sociologique de l'auteur et de l'œuvre. Lecture ardue.
— Jean Rohou, *L'évolution du tragique racinien* (Sedes, 1991). Voir ci-dessus, p. 75.

Sur « Andromaque »

— Paul Benichou, « Andromaque captive puis reine », dans *L'Écrivain et ses travaux* (J. Corti, 1967).
— Christian Amat, « Le thème de la vision dans l'*Andromaque* de Racine », *Revue des Sciences humaines*, octobre-décembre 1973.
— Gérard Defaux, « Culpabilité et expiation dans l'*Andromaque* de Racine », *Romanie Review*, janvier 1977.
— Roy C. Knight et Harry T. Barnwell, *Racine, « Andromaque »* (Droz, 1977).
— Alain Branan, « La désintégration des héros dans l'*Andromaque* de Racine », *Les Études classiques*, juillet 1977.

INDEX DES THÈMES ET NOTIONS

Références aux pages du « Profil »

— **Amour conjugal,** 25-26, 52-53, 73-74.

— **Amour maternel,** 25, 32.

— **Amour passionnel,** 35-41.

— **Amour et politique,** 44-45.

— **Chantage,** 11, 39-41.

— **Évocations poétiques,** 63-68.

— **Fatalité,** 37, 46-48.

— **Folie,** 28, 52, 67-68.

— **Jalousie,** 23-24, 39-40.

— **Mariage,** 14-15, 26, 44.

— **Politique,** 42-45.

— **Tragique,** 46-54.

— **Troie (évocation de la guerre),** 9, 10, 14, 19-20, 42-43, 49-50, 66.

LITTÉRATURE

PROFIL D'UNE ŒUVRE

150 **Alain-Fournier**, Le grand Meaulnes
24 **Anouilh**, Antigone
190/191 **Aragon**, Les yeux d'Elsa
25 **Apollinaire**, Alcools
64 **Balzac**, La comédie humaine
85 **Balzac**, Illusions perdues
132 **Balzac**, La peau de chagrin
41 **Balzac**, Le père Goriot
21 **Baudelaire**, Les fleurs du mal
158 **Bazin**, Vipère au poing
72 **Beaumarchais**, Le barbier de Séville
134 **Beaumarchais**, Le mariage de Figaro
16 **Beckett**, En attendant Godot
78 La Bible
40 **Buzzati**, Le désert des Tartares
1 **Camus**, La chute
13 **Camus**, L'étranger
47 **Camus**, Les justes
22 **Camus**, La peste
53 **Céline**, Voyage au bout de la nuit
172 **Césaire**, Cahier d'un retour au pays natal / Discours sur le colonialisme
88 **Chateaubriand**, Atala / René / Mémoires d'outre-tombe
163 **Char**, 5 clés pour aborder l'œuvre, 5 poèmes expliqués
133 **Corneille**, Le Cid
138 **Corneille**, Cinna
154 **Corneille**, L'illusion comique
147 **Diderot**, Jacques le fataliste
33 **Diderot**, Le neveu de Rameau
121 **Duras**, Moderato Cantabile
80 **Éluard**, Poésies
81 **Flaubert**, L'éducation sentimentale
19 **Flaubert**, Madame Bovary
173 **Flaubert**, Un cœur simple
5 **Gide**, Les faux-monnayeurs
178 **Giono**, Le hussard sur le toit
177 **Giono**, Regain
105 **Giono**, Un roi sans divertissement
17 **Giraudoux**, La guerre de Troie n'aura pas lieu
76 **Hugo**, Les contemplations
101 **Hugo**, Hernani / Ruy Blas
146 **Hugo**, Les misérables
99 **Huxley**, Le meilleur des mondes
145 **Ionesco**, La cantatrice chauve / La leçon
2 **Ionesco**, Rhinocéros
32 **Ionesco**, Le roi se meurt
43 **Laclos**, Les liaisons dangereuses
112 **La Fayette**, La princesse de Clèves
67 **La Fontaine**, Fables
164 **Le Clézio**, Désert
12 **Malraux**, La condition humaine
187 **Marivaux**, L'île des esclaves
89 **Marivaux**, Le jeu de l'amour et du hasard
29 **Maupassant**, Bel-Ami
192 **Maupassant**, Boule de Suif
84 **Maupassant**, Le Horla et autres contes fantastiques
185/186 **Maupassant/Renoir**, Une partie de campagne
103 **Maupassant**, Une vie
9 **Mauriac**, Thérèse Desqueyroux
157 **Mérimée**, La Vénus d'Ille / Colomba
144 **Modiano**, La ronde de nuit
69 **Molière**, L'avare
49 **Molière**, Dom Juan
87 **Molière**, L'école des femmes
74 **Molière**, Le misanthrope
66 **Molière**, Les précieuses ridicules / Les femmes savantes
60 **Molière**, Tartuffe
65 **Montaigne**, Essais
171 **Montaigne**, Essais, Des cannibales (I, 31), Des coches (III, 6)
83 **Montesquieu**, Lettres persanes
153 **Musset**, Les caprices de Marianne / On ne badine pas avec l'amour
27 **Musset**, Lorenzaccio
165 **Nerval**, Sylvie, Aurélia
42 **Pascal**, Pensées
156 **Ponge**, 5 clés pour aborder l'œuvre, 5 poèmes expliqués
28 **Prévert**, Paroles
6 **Prévost (Abbé)**, Manon Lescaut
75 **Proust**, À la recherche du temps perdu
62 **Rabelais**, Pantagruel / Gargantua
149 **Racine**, Andromaque
193 **Racine**, Bérénice
109 **Racine**, Britannicus
189 **Racine**, Iphigénie
39 **Racine**, Phèdre
55 **Rimbaud**, Poésies
82 **Rousseau**, Les confessions
61 **Rousseau**, Rêveries du promeneur solitaire
31 **Sartre**, Huis clos
194 **Sartre**, Les mots
18 **Sartre**, La nausée
170 **Shakespeare**, Hamlet
169 **Sophocle**, Œdipe-roi
44 **Stendhal**, La chartreuse de Parme
20 **Stendhal**, Le rouge et le noir
86 **Tournier**, Vendredi ou les limbes du Pacifique
148 **Vallès**, L'enfant
79 **Verlaine**, Poésies
45/46 **Vian**, L'écume des jours
34 **Voltaire**, Candide
113 **Voltaire**, L'ingénu
188 **Voltaire**, Zadig et Micromégas
35 **Zola**, l'assommoir
77 **Zola**, Au bonheur des dames
100 **Zola**, La bête humaine
8 **Zola**, Germinal

Imprimé par Pollina s.a., 85400 Luçon - n° 78390.A
N° d'édition : 17661 - Dépôt légal : septembre 1999